资产管理和投资公司的人工智能应用

——以公司战略为视角

[美] 阿尔·纳克维（AL NAQVI） 著

陈　伟　赵大伟　译

中国金融出版社

责任编辑：吕　楠
责任校对：孙　蕊
责任印制：丁淮宾

图书在版编目（CIP）数据

资产管理和投资公司的人工智能应用：以公司战略为视角／（美）阿尔·纳克维著；陈伟，赵大伟译.—北京：中国金融出版社，2022.9
ISBN 978-7-5220-1740-2

Ⅰ.①资…　Ⅱ.①阿…②陈…③赵…　Ⅲ.①人工智能—应用—金融企业—企业战略—研究　Ⅳ.①F831-39

中国版本图书馆 CIP 数据核字（2022）第 165248 号

资产管理和投资公司的人工智能应用：以公司战略为视角
ZICHAN GUANLI HE TOUZI GONGSI DE RENGONG ZHINENG YINGYONG：YI GONGSI ZHANLÜE WEI SHIJIAO

出版
发行　　**中国金融出版社**
社址　　北京市丰台区益泽路 2 号
市场开发部　　（010）66024766，63805472，63439533（传真）
网上书店　www.cfph.cn
　　　　　　（010）66024766，63372837（传真）
读者服务部　　（010）66070833，62568380
邮编　　100071
经销　　新华书店
印刷　　河北松源印刷有限公司
尺寸　　169 毫米×239 毫米
印张　　11.75
字数　　210 千
版次　　2022 年 9 月第 1 版
印次　　2022 年 9 月第 1 次印刷
定价　　89.00 元
ISBN 978-7-5220-1740-2
如出现印装错误本社负责调换　联系电话（010）63263947

前言

亲爱的读者，你在寻找一本金融行业人工智能相关主题的书吗？你可能会找到很多书，但其中大多数书都是由非定量分析专家撰写或为非定量分析专家撰写的，这些书包含大量复杂的数学方程、数学论证和数学定理，专业性很强。阅读过程中，像是在看一篇篇的学术论文。这些书的主题不是为公众答疑解惑，而是为拔高学习人工智能的门槛，似乎在表明：学习人工智能需要以了解数学和数据科学为前提。这种将人工智能过于深奥化、封闭化、专业化的做法，会产生一些问题。

如果没有在投资行业数十年的耕耘，与金融专业人士交谈时，会被告知如果你精通数据分析，肯定不适合金融行业，随后被贴上"太天真""太年轻"或"缺乏经验"等标签；如果你是深度学习和强化学习方面的专家，这些专业人士则会说这对进入金融行业没有帮助。因为他们认为，深度学习和强化学习在金融行业并没有得到广泛的应用，实际原因是，他们自己没有使用过这些模型，也没有看到这类模型在金融实践中被广泛应用。这种来自金融行业对机器学习专业人士的评判，可以说既有对现实的观察，也有对未知的恐惧。

当然，不要误解我的意思。很多作者是善意、直率的。他们指出了人工智能领域理论与现实的差距，并在此基础上探讨了如何缩小这种差距，我们要正视这种差距的存在。例如，De Prado（2018，《金融机器学习的优势》，Wiley）所提出的方案就节约了数十亿美元的成本，并避免了许多损失。需要批评的是那些只提出问题但不提供解决方案的人。

金融机器学习有自己的特殊性，信噪比较低。金融行业是一个动态、不断变化的行业。金融行业时刻受到监管的关注，从业者需要处理大量的非结构化数据。对此，可以通过识别主体关系来发现解释变化的理论。不过，不少发现会出现过度拟合的问题。金融环境是不断变化的，在金融环境下的交互会暴露你的战略，因此你的战略也需要时刻处于革新的状态。

接下来讨论一下非定量分析人士对金融人工智能所持的观点。一些人将人工智能过于简单化，对人工智能进行炒作，用一些模糊的未来概念来开展人工智能相关的对话，喋喋不休地说着深度学习、α围棋和IBM的人工智能框架。但一经定量分析专家的指正，他们往往会受到打击。有一句话说得好，"科学理论应该尽可能简单，但不能过于简单"（阿尔伯特·爱因斯坦）。炒作人工智能概念的人可能有传统数字时代的顾问，他们试图通过企业资源计划（ERP）和客户关系管理（CRM）来推动机器学习的发展，但没有获得成功。

本书虽然不开展专业的定量分析，但绝对不是在单纯地炒作人工智能技术。本书既适用于定量分析出身的投资管理人员，也适用于为资产管理提供制度和政策支持的领导。本书的写作目的是将定量分析方法与非定量分析方法结合，基于科学的方法介绍如何围绕人工智能技术来实现公司转型。

说一句玩笑话，如果资产管理只是做量化策略，那就不需要销售团队了。如果人工智能只属于量化策略，人工智能技术根本不必与推广、营销、人力这些职能结合。事实上，资产管理公司不仅仅有投资部门，而人工智能除了定量分析，还有许多其他内涵。

不过，如果一家企业的核心业务有问题，那么即使支持部门再尽善尽美，公司经营也不会好。投资职能是资产管理公司的核心，我们希望金融机器学习可以帮助这项职能得到优化。传统的统计解决方案对于解决本质问题、数据集、非结构化数据和稀疏高维数据，以及应对环境变化，并不有效。也就是说，自上而下、从理论到实践的方式不太适合当前的状况，我们需要探索新的研究方式。

读者可以放心，学习本书的内容，不需要具备数学、计算机科学和数据科学的知识基础。当然，如果有上述基础，可以更好地理解投资公司在转型时的战略和业务规划。如果读者先前的研究领域为商业、数学分析、金融或其他领域，本书会为你提供丰富的人工智能内容讲解。当前，不论什么专业背景的人，投资转型都需要常态化学习的内容。那么，人工智能技术可以说是来自技术、投资和商业等不同行业人群在研究投资转型时的汇合点。

本书是一本从公司战略视角下研究人工智能应用于投资管理的书，本书可以作为众多读者实现以人工智能为中心的公司转型的规划参考。本书的目的是帮助读者通过掌握人工智能技术，来形成公司的竞争优势。

在规划上，要摒弃机器学习只属于量化部门的观点。原因是：第一，这种观点假设机器学习只适用于交易投资操作，没有意识到机器学习是一项通用技术，可以应用于资管公司的所有智能部门，比如市场推广部门、人力部门、销售部门、合规部门和企业社会责任（CSR）部门；第二，这种做法武断地认为只有具备数学、计算机科学、人工智能专业基础的人才会对人工智能技术感兴趣，虽然这种论断有一定的历史依据（机器学习曾被认为专属于公司的量化部门），但是在当今，这种排他性已不复存在；第三，这种封闭式、固执的坚持是危险的，因为这种观点是假定一家公司的商业模式是静态的，但事实上，很多初创公司和科技公司正在进军传统金融行业，并已经开始利用人工智能技术来构建自己的商业模式，面对这种竞争威胁，金融行业需要在战略层面积极应对，摆脱人工智能局限于一隅的观点；第四，建立现代化的公司，需要将人工智能纳入公司战略之中并达到一定规模，为达到该目的，必须从公司整体层面出发，不能仅从量化部门的视角出发。

人工智能的炒作也会带来问题。短期的人工智能炒作可能会帮助公司得到一些订单，但项目一次次地失败或未实现预期价值会招致客户的不满。将机器人流程自动化（RPA）作为人工智能的卖点，或者将人工智能作为一个个孤立的方案，对合作双方都不利。

当前，资产和投资管理业正经历着巨大的变革，这不单单是正常业务过程中的一般转型，还是一场变革。这场变革既有机遇，也有挑战。这场变革释放了巨大的能量，公司需要使用新的方法来迎接挑战。

综上所述，不能单纯地将人工智能理解为是一项技术，或者是一个噱头。相反，人工智能具有变革性。这场变革会影响到每一个人，而不是劳动力中的某一部分。第一，公司的管理层需要了解这场变革，管理层作为公司的掌舵人，需要扩大知识面；第二，市场推广部门、销售部门、合规部门、人力部门、采购部门等支持部门的主管需要在本部门范畴提出以人工智能为中心的转型方案。相较于支持部门，投资部门更应从战略角度出发，思考人工智能转型之下的业务流程、激励制度、组织结构和理论基础。人工智能的出现及其对资产管理的潜在重要影响，让我们不得不重新去思考或反思现有的商业模式。

因此，可以说，本书适用于从事金融相关工作的所有人士，不管是管理人还是投资经理，市场部经理还是IT部经理，管理人员还是执行人员。当然，投资者也可以受益于本书。本书可以指导读者如何做好投资管理公司或公司某一业务部门的人工智能转型，使公司成为现代化、高效能和人工智能化的企业，实现传统公司到现代化公司的转变。

作为作者，我写作本书的目的是让读者在人工智能时代能有战略性的思考，当然也会在微观层面去介绍各种模型、算法和研究方法，但并不是去帮助读者成为数据科学领域或者Python方面的专家。我们不能围绕业务去认识、了解人工智能，因为人工智能不是去实现业务的自动化，而对业务本身的一种重塑。也就是说，人工智能会改变业务。人工智能也会深受业务需求的影响，有时甚至会相互转变：人工智能变成了业务，业务变成了人工智能。转型策略需要围绕人工智能展开，以人工智能为中心的变革将会释放巨大的能量。

再强调一下，人工智能不仅仅是一项技术。与IT技术不同，人工智能不仅仅是IT部门的事情，它体现的是一种新的公司经营方式。我们应该抛开狭隘的眼光。好比拍一张自然风光照，专注于细节可能很难发现整体的美，除非你是地质学家。放眼于全局，你会发现，这里有山、有树、有湖、有云，还有天空，映入眼帘的是一片亮丽的风光。人工智能也是一样，如果过于狭隘地去理解它，反而达不到效果，因为仅强调技术应用就无法帮助公司形成整体层面的竞争优势。

人工智能对资产管理公司的业务结构、配置和模型有明显的影响。有的时候，我们无法确定什么才是真正的资产管理公司。目前，不少资产管理公司正在进行结构化调整，从被动接受到主动应对，从零售客户到机构客户，从人工咨询到机器咨询，不少公司的商业模式和组织结构都在调整。资管和投资行业似乎在进行着自发式的演进。未来，人工智能将触及并改变投资管理行业的方方面面，而且这个过程现在已经开始了。那么，欢迎叩启投资管理新时代的大门。

目录

第一章　投资管理中的人工智能

在人工智能方面，意识较高的公司，不一定比想象力或警觉性不足的公司做得更好。对人工智能有两种极端的态度：一是全然反对，二是盲目追崇。持反对态度的公司认为，人工智能只是一种短期的人为炒作，是大公司的宣传噱头——试图在构建新关系上另辟蹊径，但实际效果与其他数字技术并无两样。另一方面，盲目追崇派犹如无畏的战士，迫不及待地希望使用所有与人工智能相关的应用，在不了解人工智能、不知道如何筹划和应用人工智能、不清楚人工智能导入实施的地点和原因，以及如何充分发挥人工智能价值的前提下，就不计代价地追求人工智能化。

对人工智能持反对态度的公司不需要规划人工智能，而盲目狂热派则完全不去规划。在投资管理行业，会有不少反对人工智能化的人士，他们认为："我已经了解业务模型的运作，我在这个行业几十年了，客户也一直接受。我们会定期与客户会晤，用自己的方式满足客户的期望和需求，并不需要借助花里胡哨的技术。"这种观点反映了这类群体对现有商业模型的高度自信，认为不需要做出任何调整，也无须接受人工智能发起的挑战。在他们的视角下，人工智能是可有可无的。

盲目追崇的公司则持完全不同的观点，他们似乎对人工智能有着一种莫名的兴奋和迷恋。在大型传统公司中，高管们倾向于使用人工智能给分析师、董事会和客户留下深刻印象。人工智能供应商和顾问也开始服务于这类公司。在这一背景之下，人工智能相关的徽章和广告牌成为权力的象征，标志着公司的人工智能转型势在必行。经理们以名人的身份出现，在供应商赞助的会议上获奖，并获得新的地位和权力。未来主义者开始描绘令人憧憬的场景。精心设计的、华丽而宏伟的愿景用以提升精神和装饰简历。就像泰坦尼克号踏上其史诗般但命运性的旅程一样，去调整团队结构、开发新任务、做演讲、分配预算、聘请顾问、选择供应商、启动转型计划等等。但在大约一年之后，失败带来的溃败感会取代预期的成就感，因为面临的结果通常是产品失败或者只能创造很小的价值，出现项目失败。这种情况下，公司一般会将转型团队解散并重新配置，周而复始。

本书以 A 公司的人工智能应用为例进行说明。某一天，A 公司的人力资源副总自豪地说道："我们团队来了一个非常年轻有为的同事，工作半年以来，他开发的机器学习程序，满足了客户的各种需求且符合客户的利益。"在 A 公司的另一角，市场总监聘请了一家咨询公司来开发智能聊天系统，在董事会展示聊天机器人与客户的互动，让董事们看到聊天机器人能够回答客户各种琐碎的问题。会计部门则委托另一家咨询公司来做机器人流程自动化方案。这时候，行政部门也紧随而上，委托另一家供应商又做了一个机器人流程自动化方案，尽管行政部门的经理想在内部推行机器学习项目，但没有效果，随后重新组建了团队。机器学习经验丰富的量化部门，看到这些混乱的场面，偷偷一笑，随后继续专注自己部门的业务。上述情况形成了各部门之间的隔阂，每个团队都有自己的战略愿景、人工智能团队和工作方式：合规部门找人工智能公司合作，但缺乏可供算法运行的数据；审计部门发现公司在境外设立了人工智能实验室，并联系了那里的研究团队；研究团队被总公司看中，并开始研究审计解决方案。公司首席研究员无奈感叹："我们做了那么多人工智能研究，但公司没有人知道我们的存在，每个部门都想要自己的人工智能供应商。"

人工智能应用的随意性、无序性、混乱性在传统公司中普遍存在，并成为许多大公司的通病。这种混乱现象背后的真正原因是传统大公司正在失去竞争优势，受到来自金融科技公司无声且无情的威胁。创新公司发出的"战书"虽然还没到迫在眉睫的程度，但其影响程度已经在不断聚集。

对传统小公司来说，这种情况更不乐观。小公司决策权集中在少数人手中，一人独资或两人合办的企业，会造成公司基于少数人的偏好要求 IT 部门开发和实施人工智能方案，来帮助公司业务发展。这种情况下，公司要么发布精确的指令，要么让 IT 部门自己探索。大部分小公司的 IT 部门并没有实施人工智能方案的条件，既不了解如何实施人工智能方案，也不清楚应该在哪些领域实施人工智能方案。一些公司会求助于咨询公司，一些会找人工智能专家、教授或人工智能平台公司帮忙，一些还会开展培训并尝试自己去开发人工智能方案。但是，与作为竞争对手的大公司相比，小公司在实施人工智能方案时往往缺乏战略眼光。

投资管理公司非量化出身的领导，当坐在一群研究数据科学的人中间时，一般都会感到不知所措。根据美国人工智能研究院开展的一项大型研究，公司高管层对人工智能技术的出现，主要有如下关注点：

1. 我应该如何启动人工智能项目？所有咨询公司跟我说的都不一

样，我不知道怎样开始。我的上级开会回来（或者读了某篇文章，或是跟某位咨询公司的人交谈了一下），跟我说可以用人工智能来做一些事情。

2. 什么是认知转变？我收到了不同的答案。

3. 在人工智能、机器人流程自动化、深度学习、神经网络这些模块里，我应该关注哪些内容？

4. 我应该如何证明人工智能的价值？

5. 我应该如何确定人工智能资源分配的顺序？

6. 我需要哪些技能？

7. 我的商业模式应该是怎样的？是否要转变现有的模式？

8. 应该如何应对人工智能应用带来的风险？

9. 如何调配资源？

10. 什么是人工智能治理？

可能有些领导很难理解人工智能革命，也有一些领导精通人工智能、机器学习和数据科学，能快速弄懂深奥的术语和数学概念。甚至同一家公司就可能有两类领导，非科班出身的领导觉得有必要部署人工智能但不知道怎么做，科班出身的领导可以出力，但缺乏支持、预算和最高层的战略指导。

本书适合投资管理界不同层次的人阅读，原因很简单，本书讲的是一种变革，即传统数字时代公司到现代人工智能公司的转变。这场变革影响着每个人，也为准备主导和拥抱这场革命的人提供了机会。本书为正在或准备经历这场变革的公司提供指导。

如果企业的运营目标是形成持续的竞争优势，投资管理公司竞争优势的要点则在于各种基于量化分析的运营措施（De Prado，2018）。这些投资管理公司开发和运行机器学习项目，并将其作为核心战略来落实和执行，为公司创造利润。但是公司运营远远不止这些，因为绩效并不是判断投资管理成功与否的唯一标准（Murphy，2018）。除量化投资策略外，公司还需要制定运营策略，以便在人工智能时代实现有效的整体职能转型。

本书接下来会逐一解答上述问题，为商业人士和人工智能专业人员之间搭建沟通的桥梁，帮助开发符合双方需求的战略规划，并帮助公司制定业务流程，主导公司转型的全过程。

一、什么是人工智能供应商？

1. 人工智能软件供应商分类

（1）新兴的平台公司。提供人工智能平台，提供通用的解决方案用于开发人工智能软件。

（2）科技巨头。大型和成熟的科技公司已经建立了自己的人工智能平台。

（3）机器人流程自动化公司。机器人流程自动化是以规则为基础的软件（部分群体认为这项技术不属于人工智能范畴），已经有不少公司采用。对于管理层来说，机器人流程自动化更容易理解。机器人流程自动化供应商将其作为人工智能的入门级别的方案。部分使用机器人流程自动化的公司将非人工智能产品与机器学习方案融合，实现技术的融合。

（4）业务流程自动化公司。改革传统业务流程的公司也在将现有系统定位为人工智能方案。

（5）提供人工智能产品的公司。许多公司提供产品方案并声称这些产品是人工智能方案。一些供应商有自己的人工智能职能部门，而另一些供应商则选择简单地把老方案包装成人工智能方案。

（6）关注支持部门的人工智能公司。这类公司旨在关注市场营销、人力资源等支持部门对人工智能的应用。这类公司的软件通常会发挥人工智能的支持性功能，大部分为初创企业。

2. 人工智能执行公司分类

（1）管理咨询公司。大型的管理和战略咨询公司。

（2）大型系统集成公司。这类公司经常是美国联邦政府的承包商。

（3）科技公司。如谷歌和亚马逊。

（4）人工智能精品公司。这类公司大部分由人工智能领域的教授或专家创办。

（5）数据管理公司。不少数据中心的辅助性工作由数据管理公司完成。

供应商同样对如何理解人工智能技术感到困惑。供应商花费了近40年的时间来构建适应数字化转型的体系，在往日运行一直良好，但当强行加入人工智能元素时，却遭遇了挫折。人工智能似乎不适合用于企业资源计划（ERP）或客户关系管理（CRM）。供应商试图向客户解释人工智能将改变他们的公司，但不能解释怎么去落实以及背后的原因。供应商撰写了白皮书或案例研究，却不能列举出人工智能转型的成功案例。在传统模式的影响下，部分公司试图重新利用旧的业务流程形成人工智能时代的工具箱，却无法说服客户。大部分公司在试验人工智能项目时，都遭遇了失败。一些咨询公司会建议资管公司大胆尝试，让公司的重点部门与咨询公司签约，但这些投资并没有给公司带来改善。随着时间的推移，大胆变革的宏伟愿景和承诺逐渐要去面对残酷的现实。人工智能供应商意识到要分步实现目标，对金融服务公司的业务进行切割，将整体业务转型的预期转变为碎片化的人工智能方案。供应商销售团队以部门主管、IT 经理和中层管理人员为目标，主打销售零碎化的人工智能方案，但这类方案将对客户造成严重的不利影响。资管公司一时变成了接收功能受限或不合格人工智能产品的回收站，这也导致了人工智能产品的泛滥，破坏了企业的正常运营。

咨询公司正在经历"达尔文"时刻，它们还不确定如何在快速演进的人工智能经济模式中生存和发展。新冠肺炎疫情带来的危机进一步打击了人工智能管理咨询这个行业。不过对投资界来说，疫情体现了市场的脆弱性并证明我们需要人工智能技术来应对当前世界复杂的突发性事件。

二、人工学习智能（ALI）对新冠肺炎疫情的预测

（一）基本事实

2020 年 1 月中旬，人工学习智能（Artificial Learning Intelligence，ALI）曾经预测美国股市将在未来 60 日内下跌 18000 点至 19000 点。一篇疫情暴发的新闻报道引起了人工学习智能的关注，但现实中很多人却并没有注意到，距离会影响人类对敏感信息的感知能力。但人工学习智能并没有这个局限，因为它代表的是智能学习。人工学习智能成功预测了新冠肺炎疫情在 2020 年的影响。

2020 年 1 月初，世界主要关注点都集中在中东的混乱局势上，人们眼中主要是酝酿中的战争、紧张的地缘局势、弥漫在空气中的战争恐惧感。人工学习智能不同，它没有主观情绪，可以关注到因主观情绪被忽视的角落。人工学习智能持续关注了首先暴发在中国的疫情发展，并意识到疫情的潜在严重性。当出现 SARS、流行病、病毒暴发、恐慌、人际传播等词语时，人工学习智能的意识会被触发，其思维模式进入高度敏感状态和恐慌模式。2020 年 1 月的第三周，人工学习智能开始进入警戒状态并试图引发关注，但却被美国总统弹劾、中东局势、科比去世、奥斯卡、橄榄球超级碗大赛夺走了注意力。当所有人的注意力都集中在这些事件时，人工学习智能却能对后来被命名为 COVID-19 的病毒保持持续的关注。

对于人工学习智能的发现，我们需要进行一些威胁评估。我们首先来观察 2020 年 1 月报纸中的三则信息：第一，新冠病毒可以通过人传播；第二，人类对新冠病毒缺乏免疫，新冠病毒可致人死；第三，当前还没有

疫苗。

上面三则信息足以预测，在当前紧密联系的世界中，新冠肺炎疫情将在全球传播，对人类产生重大冲击，并会对经济产生严重的负面影响。尽管这种推理在逻辑上是成立的，但各国显然忽视了这一潜在威胁，报纸报道的事件好像是另一个星球发生的事情。就报道而言，基本都以一种旁观者的视角，像在看实验室里的病毒，简单来说，当时的报道以一种事不关己的态度看待出现在武汉的疫情，对于疫情对政治或金融市场的影响，都未有所察觉。到 2020 年 2 月的第三周，资本市场开始出现反应，大盘指数一路跌到 18591 点。

传染病模型（Susceptible Infected Recovered Model，SIR）是流行病学常用的一种模型，用以研究疾病的传播，既有效又简单。传染病模型将流行病下的人类分为三类群体，第一类是潜在病人（可能被感染的人群）；第二类是已经被感染的人群；第三类是已经康复的人群。当我们将人工学习智能的输出导入传染病模型时，可以预测到病毒将呈指数型增长。我们也可以将传染病模型运用到新闻影响评估中，人群可以划分为未被告知、已被告知、被告知且采取行动三类，这对于预测可能采取行动的人群而言，是有效的分析工具。

研究新冠肺炎疫情相关的新闻传播时，我们可以估计市场的反应区间。将此类事件的历史反应代入另一种机器学习算法，预测到大盘将在 2 个月内下降到 18000~19000 点。果不其然，2020 年 3 月 23 日，道琼斯指数下跌到 18591 点。

（二）案例启示

1. 应当拥有能够解决迫切投资问题的人工智能或机器学习设备。在本案例中，我们可以从基础设备中感知到风险信号。

2. 不应依赖单一模型，应当开发多个模型并使其相互关联，提升解决问题的能力。

3. 多个模型可以合作解决同一问题。

4. 上述模型可以有不同的类别和层次，类别和层次的多样化对在更广范围实现自动化也具有重要意义。

概而言之，机器学习在金融领域的应用不能是孤立、碎片化的，而应当是智能融合。部署人工智能，不能从某一应用出发，而应该从交互和相互依存的应用系统驱动人工智能的价值，这种巨大的变化开启了投资管理的新时代。

三、投资管理应用人工智能的四个阶段

投资公司经历了人工智能/机器学习应用的三个阶段，本书将补充第四个阶段。这四个阶段不一定是连续的，而是根据位阶进行排序。因为市场在同一时间也会有处于不同阶段的公司，所以不能按照时间去排序。

（一）阶段一：孤立的量化分析

20 世纪 90 年代末，我阅读了两本关于神经网络的书，一本是关于金融预测中的神经网络，另一本是资本市场中的神经网络（Refenes，1995；Gately，1996）。当时，这两本书提出了关于在投资运作中应用神经网络的一些论断。在机器学习普及前的几十年前，金融服务公司（尤其是它的量化部门）已经在利用神经网络来创造价值。

机器学习是量化分析的终极工具，分析师会有不同的专业背景，比如数学、物理、计量经济学等，分析师们可以通过不同的方法和方式来达成目标。公司认为正是方法和方式的不同实现了多样性，由此产生的投资组合能够实现有利的平均结果。同时相应的激励措施也比较便利，因为业绩形成了对应性。多年来，这种研究和投资模式一直在延续，甚至是当前不少公司的主导业务模式，但这也会产生一些负面影响，比如：

1. 造成机器学习限制在量化分析部门，无法在其他职能部门应用；
2. 外部各方无法介入；
3. 量化部门内部存在多个专家小团队，每个团队都坚持自身对数据、算法和战略的认知；
4. 机器学习的各子流程需要特殊专业能力，这种模式导致人才在公司分布不均，互相学习的机会少，难以简化机器学习操作流程或进行合作生产，导致这种模式成本较高；
5. 在公关危机或接受调查阶段，公司需要应对多方非议，如在大萧条时期的公司既要推广产品又要做空产品；
6. 无法实现企业层面的智能自动化或人工智能战略。

（二）阶段二：战略量化阶段

有人建议通过部门优化的方式来简化量化操作流程。专家建议重新设计投资业务并围绕机器学习的功能进行部门重组。各方均意识到阶段一模

式存在的成本问题，同时考虑到人工智能对竞争优势的影响，有必要对组织结构进行调整。

机器学习不是一个单一的流程，而是多个流程的组合。按照职能调整量化部门机构有助于验证机器学习对投资的作用。De Prado（2019）设想的部门规划应当具有数据、数据预处理、模型开发、模型优化、模型部署等功能。部门的结构调整意义深远，具有如下优势：

1. 简化了机器学习的运作流程，发挥规模效益；
2. 提升了量化分析的效率，消除信息孤岛，并协调不同团队的战略一致性；
3. 不再将团队的分化视为多元化优势，而是作为战略一体化的障碍；
4. 可以同时实现良好的战略组合和低成本的运作。

在第二阶段，机器学习不再是单纯的技术，而是一种商业模式。De Prado 建议在一定程度上围绕机器学习的功能来建立投资运作流程，机器学习不仅仅是去计算 α（预期市场收益水平），还是一种驱动、实现增量价值的服务价值链模型。公司运营结构的调整可以促进机器学习向流程式生产模式的转变。

第二阶段出现的变化固然会带来一些优势，但是要求公司进行持续性结构调整，需要不断发现人才并调整人才配置，同时，还需要重新规划如何更新公司领导层的观念以及如何实施激励制度。

（三）阶段三：组织混乱阶段

在前两个阶段彼此抗争时，机器学习已经开始在公司中广泛应用。机器学习不再由量化部门专享，市场推广、客户服务管理、监管合规、公司治理等部门也开始应用机器学习。

但是，机器学习的广泛应用也产生了难以控制的人工智能泛滥问题。此前，我参与了全球著名金融服务公司的机器学习和智能自动化项目。这个项目反映出的，就是机器学习和智能自动化缺乏规划带来的混乱局面，该公司在全球有数百个项目，但是各项目负责人之间没有协调，各负责人基于各自的利益需求、能力、预期、经验以及自身对机器学习的理解，来构建自己个人的智能自动化愿景。随后，各部门开始争抢人工智能人才，同时也会邀请咨询公司和人工智能供应商提供服务，当然，这些第三方服务机构也会有自己的角度、方法、理解和兴趣。在没有中心平台的情况下，各团队在外部供应商和咨询公司的帮助下，根据团队的需求开发智能产品。除了利益外，领导层价值观也会影响决策。在公司一次代表会议中，各个团队的代表表达了各自的想法，显示出人工智能产品呈碎片化的趋势。如同预期，这家公司的整体状况并没有因实施智能化项目而得到改善。

为说明碎片化带来的不利影响，我用前两个阶段的背景来对第三个阶段进行评估。如前所述，阶段一向阶段二的转变是巨大的进步，结构调整、流程重构、激励措施调整、管理文化变革等措施的实施一般需要数年时间，一蹴而就不太现实。机器学习项目呈现出的碎片化趋势将给公司带来冲击。而现实中不少公司会一直深陷第三阶段的苦海。

（四）阶段四（理想阶段）：现代投资公司形成

规划现代化的投资管理公司，需要有如下基础：

1. 结构的一致性：单一功能无法成为成功的决定性因素，公司需要有跨越不同层级和领域的功能集合。

2. 内部交互：保证公司内部不同职能之间沟通，保障系统有效运行。

3. 外部交互：让信息可以从外部进入公司内部职能领域，让公司能够同时处理内部信息和外部信息。

4. 提高业绩：各个职能可以实现最优，不同职能之间的交互不会对公司目标的实现产生负面影响。

5. 实现凝聚力价值：每个职能领域的设计都是为了得到更好的执行。在设计的时候，主要会考虑两个要素，分别是自动化和智能化。其中：自动化是指由机器来执行人类工作；智能化是指机器通过知识的积累来预测和解决未知的问题。自动化不能等同于智能化，而是通过机器执行人类工作来提高效率，智能化是机器根据系统设定的目标在不确定的环境下解决问题。

6. 叙述和实证关系：人类倾向于从叙述的角度来思考，喜欢从因果关系、人际关系、相关性等的角度来解释事物。人类可以通过机器学习观察某些交易策略是否成功，却不能解释成功或者失败背后的原因。在凝聚力价值指导之下，我们通过实证研究制定多层叙事结构，"多层"是指叙述和实证在公司的多个领域相互关联并发挥作用。在投资战略方面，可以探索在实证研究中出现的动态叙述；在销售和营销方面，可以阐明投资哲学和叙述的方法，并以实证研究提供支持；在公司整体层面，可以描述公司战略，并以实证研究提供支持。机器不会剥夺人类叙述相关的能力，反而会为人类的决策提供有益参考。

处于第四阶段的公司通过不同职能领域网络的交互实现相互关联。然而，无论是公司整体还是细分职能，这种相互关联的系统都需要用科学的方法来进行管理。

四、美国人工智能研究所的模型

美国人工智能研究所提供了让公司转型进入第四阶段的模型，该模型以上文讨论的战略要素为基础，假设管理层将公司视为由相互关联的职能领域组成的集合系统，每个功能区兼具个体角色和集体角色。该模型还提出公司应当使用科学的方法进行管理。

如图 1.1 所示，模型的纵轴是公司的价值链。该模型针对的是一般的投资管理公司，实际运用的时候可以根据公司的性质（例如，私募股权还是财富管理）进行适当调整和配置。价值链中的每个模块都有特定的目标：α 和风险的目标是实现 α 收益的同时保持风险可控；成本优化的目标是在公司层面降低成本。价值模块不能等同于公司的部门（如运营、营销或销售），价值模块是按照功能划分的，一个功能区可能涉及多个部门。这里要注意，20 世纪按照部门划分职能的模式，在现代化组织中不再是必需的。职能划分需要考虑公司的战略目标，各功能能够相互关联。纵轴还代表了公司的战略。

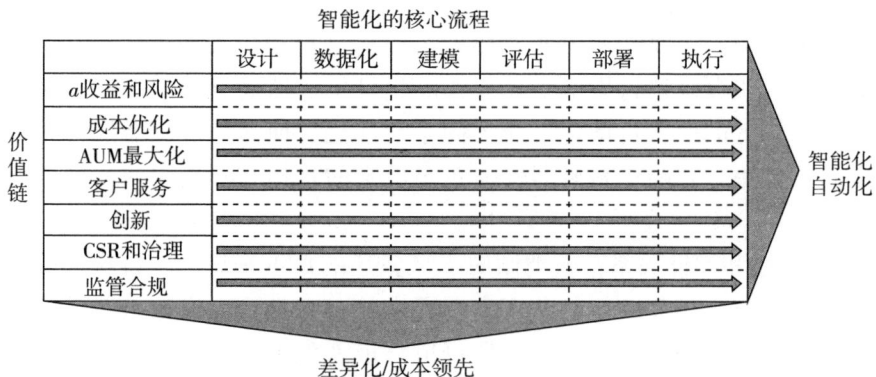

图 1.1 美国人工智能研究所的核心模型

注：AUM，即资产管理规模（Asset Under Management）；CSR，即企业社会责任（Corporate Social Responsibility）。

模型横轴代表的是运营和执行过程的科学管理方法，采取企业管理的办法来管理机器学习方式。科学管理方法的核心流程包括设计、数据化、建模、评估、部署、执行，每个流程都对应着各个价值链功能模块。流程和价值链的一一对应，让公司实现人工智能项目开发、部署、优化、管理和退出的全流程运作。每个人工智能项目都能够为业务创造价值并具有效率和效果，效率和效果需要通过比较人工、其他机器的表现来得出，或者通过比较公司的目标、市场竞争和技术潜力来得出。

战略和运营的"两手抓"之下，公司可以按照科学的方式运行，公司的各个职能都能得到科学的管理。销售科学、市场科学、人力科学、供应链科学，是转型公司规划和执行数据中心化所涉及的概念。

五、本书的结构

本书分为三个部分。第一部分从第二章开始，第二章介绍人工智能和战略，第三章至第八章介绍模型的纵轴元素：设计、数据、模型开发、评估、部署和表现评价。第一部分各章分析了公司人工智能转型应当具备的内部职能和组织结构。第二部分从第九章开始，第二部分的重点是介绍这些职能，第十章至第十七章分别介绍客户体验科学、营销科学、人工智能与机构客户管理、销售科学、回报端循环管理、监管合规和运营、供应链科学和企业社会责任，"科学"的后缀，是为了表现在公司整体和商业模式的转型之下，数据科学成功融入公司的各个职能领域。第三部分有三章，第十八章讨论组织架构和项目管理，第十九章讨论公司治理和道德规范，第二十章是适应和涌现。

六、阅读本书的注意事项

本书第二章到第八章主要讨论如何在人工智能时代实现公司转型，第二章介绍了新的公司职能的结构划分，以科学的方式讲解公司的职能划分，可以用传统意义上的"部门"来帮助理解，属于模型的纵轴内容——公司价值链中的模块。建议读者掌握特定的职能，然后根据第二章介绍的内容对职能模块有初步的了解，但具体的开发和应用则涉及科学的程序，第二章到第八章对科学程序做了展开介绍。

作为本书的作者，我尽量保持本书在语言上通俗易懂，让商业人士也可以很好理解。如果对于本书某一部分内容，你觉得不适用于你的公司，可以选择跳过。

第二章 人工智能和公司战略

人工智能革命不是数字革命的延伸。人工智能和数字化有一些显著的区别。商业战略不是静态的,会根据条件的改变而做出相应的调整。在外在环境上,某些时代和某些技术革命要远比其他时代更有意义。毫不夸张地说,人工智能革命将开启人类历史上最具变革性的时代。人工智能革命将会带来一场强大的经济变革,商业战略也将迎来重大的变革。理解人工智能带来的竞争动态对于研究公司战略而言至关重要。

一、公司战略的意义

2016 年,当人工智能刚刚兴起时,我有机会与全球第一家(声称)自动对冲基金的创始人之一围绕公司战略开展了讨论。这位创始人身上有一种典型的硅谷式激情和有远见的创业风格,给我介绍了一个"观察、定位、决定,行动"(Obseration, Orientation, Decision, Action, OODA)循环模型,这是一个用来解释朝鲜战争中最成功的战斗机飞行员的经验模型。这个模型是一个循环,行动后,需要再次观察环境,重新定位、决定和行动。实施交易行为一般都会经历这个循环。这位创始人认为,交易员在交易之前会不断检索信息和判断,审视现状,分析盈利能力,考虑是否需要做决定、做什么决定,理解信号,解读信息并采取行动。完成这个循环时,就学会了适应和重新调整。这位创始人所描述的人工智能由随机森林和以进化规则为基础的遗传算法组成,这个遗传算法也被称为匹兹堡风格的学习分类器系统方法,可以让一个包含多项规则方案得到进化。新闻在有用信号方面是一个滞后的指标,因为新闻具有滞后性。新闻主要是增加人们对信号的信心,但新闻本身并不是信号。因此,如果从基因方面让解决方案得到进化,机器可以在交易日中选择模式,只需基于少量的交易行为就可以做出数以百万计的选择。这位创始人的对冲基金是全自动的,不需要人工干预。在他的基金中,员工们提前做好设置,他们会在系统崩溃时按下准备好的紧急按钮,除此之外,做什么交易,什么时候交易,如何交易,持有多久,何时退出,都由系统来决定。这一切听起来就像是人工智能已经成为现实，如果一切顺利这个方案是完美的，只要没人去按紧急按钮，系统似乎就能控制一切。

遗憾的是，2018 年，这个对冲基金突然进入破产清算。据彭博社报道，该基金在 2017 年仅盈利 4%，在 2018 年没有盈利（Kishan 和 Barr，2018）。该基金的失败可能是方法、技术方面的问题，可能是缺乏人工指导，也可能是战略过于单一，或战略与市场条件不匹配。究竟是何原因，我们无法得知，但我们可以从中学习到两点经验：（1）人工在投资管理中不应只是扮演按紧急按钮的角色；（2）更高层次的商业战略对投资管理至关重要。得出第（1）点经验是因为我们发现，如果员工不带情感地进入完全自动模式，战略是无法发挥作用的（机器也可以指出这一点），同时，人为干预不会构成对商业战略的障碍。得出第（2）点，是因为公司所面临的环境是不断变化的，因此战略也需要根据环境的变化而进行调整。如果投资团队每个人的想法都不一样，就很难形成一致意见。公司战略不应仅仅关注投资，也不应限制在投资领域，对于公司来说，战略的广泛性即便不是优先级，也是相当重要的。

二、人工智能的自我革命

我至今仍记得十几年前买车的经历。我逛了几家汽车经销商，了解汽车的各种功能。当然，这不是我第一次买车。在那之前，我总共买了 9 辆车。在买车时，我往往会围绕汽车的外观和性能问很多问题。我看了国产汽车和进口汽车、轿车和越野车、电动汽车和汽油汽车。回顾我在 1992 年到 2010 年购买汽车所问的问题，我意识到这些问题本质上并没有发生太大变化。但是，最近我突然想到一些很有意思的问题：这辆车可以自己停车吗？出现危险时会自动刹车吗？可以自动驾驶吗？这反映我们的消费已经开始与智能感知和智能行为联系起来了。时代在变化，消费者期望产品变得智能。在过去，除了人类本身之外，这类问题也可能会涉及一些动物，比如"宠物可以自己回家吗？"没想到这个问题已经开始指向无生命物体了。

我们现在生活在智能时代。曾经独属于人类的智能，现在也有机会属于无生命物体。这意味着，消费者可以期望产品和服务变得智能化或者有智能的表现。实现无生命物体的智能化是重要的进步，商业模式也会随之革新，因为这将改变竞争的基本驱动，智能属性也可以成为产品的竞争元素。例如，在买车时，消费者现在不仅会考虑质量和安全等因素，还会考虑汽车的自动驾驶功能。智能已成为产品竞争的主要属性之一，消费者可以根据产品智能程度来比较智能手机、银行服务、信用卡、家庭安全系统、财务顾问，甚至是沙发和厕所。

三、智能化产生的竞争优势

我们经常在学习系统中听到"智能自动化"这个词。虽然这个词在文献中有各种各样的含义，但大体可以概括为两个方面：一是智能是什么，二是智能做什么。基于下面的一些概念，我们将延伸出一些理论基础，说明为什么智能自动化对业务存在和增长至关重要。

1. 产品的智能。正如前面的例子所示，现代经济的变化在于消费者开始期待商品的智能化。比如让手机助手打电话、查看电子邮件或进行检索。我们周围的商品在不断加入智能元素，而这本身就是一个巨大的变化。

2. 生产平台的智能。除了在产品中加入智能外，真正推动竞争的是在公司的生产和运营平台上加入智能元素。也就是说，所有围绕产品设计、产品制造、产品上线、产品分销和相关服务的生产环境也是智能的。在这种情况下，本书使用术语"生产平台"来代称能够促进产品销售的所有活动。

3. 网络系统的智能。虽然产品及其生产平台是互联的，但产品和生产平台也可以与其他系统相连。不同系统可以形成一个提供信息、共享信息、根据信息和状态采取智能行动的网络或生态系统。这种互联的智能代理系统可能同时包括人类和机器，可以为公司创造新的竞争方式。Mintzbergetal等（1998）介绍了10个战略学派，我们接下来逐一讨论。

四、智能化的竞争优势和各战略流派

1. 战略设计学派。战略设计学派提出了一个战略设计模型，旨在实现内部能力和外部可能性之间的匹配（Mintzberg 等，1998）。根据战略设计学派的观点，产品、生产平台和网络系统可以通过内部和外部可能性的求交来抓住机遇。假设对内部和外部状态的评估由一个或多个智能引擎来执行，那么每个产品、生产平台和网络系统都会反映公司的内部状态、能力以及外部事件。

2. 战略规划学派。根据战略规划学派的观点，战略规划工具（如

SWOT 分析①）、公司高管与领导者的责任分工可以为公司创建短期、中期和长期计划。从这个角度来看，以智能为中心的规划意味着要应用破译战略的工具和方法；然而，在实施层面，以智能为导向的战略将迥异于与以人工为导向的战略，例如需要分析智能自动化系统的优势、劣势、机会和外部威胁。

3. 战略定位学派。根据 Mintzberg 等的研究，战略设计学派和战略规划学派没有对一家公司可以拥有的战略数量进行限制，而定位学派认为，在任何行业，只有能影响市场地位的少数战略是可取的，只有少数的战略可以抵御现有或潜在的市场竞争对手。在智能自动化时代，竞争动态以产品智能、生产平台智能和网络系统智能为基础的。

4. 企业学派。企业学派以公司目标及目标设定为基础，通常以领导为中心。根据企业学派的观点，企业家设定目标和心理模型，并应用技能来创造价值。而人工智能可以评估目标、评估执行、评估技能以及创造价值的机会。

5. 认知学派。认知学派以分析人类思想为基础。根据认知学派的观点，是人类的思维和经验在驱动战略。了解人类心理学有助于认识战略形成的方式。现实是由人类的思维所塑造的，在以人工智能为中心的战略背景下，人工智能意味着机器可以破译人类的思维过程，并识别人类固有的偏见。机器可以帮助人类理解自己思考的方式和内容。此外，如果人工智能产品可以为人类对世界或者人类本身的理解搭建框架，那么人工智能这种特殊优势，可以改变人类对战略和本身的认识。

6. 学习学派。战略的出现源于人们对外部形势和治理能力的学习。当我们意识到行为的有效性时，学习有助于塑造行为。根据学习学派的观点，机器智能的引入意味着这种现象不仅发生在人类内部，而且还会发生在机器之间以及机器与人之间。这种复杂的系统既基于系统内部代理之间的相互作用，也基于内外部系统代理之间的相互作用。

7. 权力学派。权力学派认为，公司战略来自公司的谈判和权力游戏。从智能的角度来看，机器可以解读权力模式，甚至从权力斗争的角度帮助理解战略的发展。

8. 文化学派。文化学派认为，战略制定是一个文化过程。在智能机器

---

① 即态势分析法，S（Strengths）是优势、W（Weaknesses）是劣势、O（Opportunities）是机会、T（Threats）是威胁。

时代，人类不仅可以更准确地研究文化，而且可以对公司战略背后的社会现象有更深入的理解。文化本质上是由对世界的解释，以及反映这些世界的活动和事物组成的。除了认知之外，这些解释在社会发展过程中是共享的。

9. 环境学派。环境学派认为，战略是对外部环境的回应，这意味着公司需要对环境进行适应和调整，因为不能适应环境变化的主体终将被淘汰。从智能的角度来看，研究、跟踪环境变化，以及应对环境产生的挑战，都可以通过智能来实现。

10. 构造学派。战略需要关注本身的结构、配置和状态。构造是一个组织在其周围环境中的状态，而战略会导致某一状态的变化。构造学派认为，智能化可以更好地衡量公司的结构和状态，更有效地跟踪转型战略。产品、生产平台和网络系统共同决定了系统（或公司）的状态，并在公司转型时期重新配置、实现转型或转变到新的状态。

五、智能学派

（一）影响智能产生竞争优势的因素

智能学派将上述 10 个学派"合众为一"，整合为以智能为中心的竞争理论。在此过程中，竞争优势由如下因素形成：

1. 智能机器的部署可以帮助了解内部和外部环境、现有状态、竞争动态、文化和社会动态，以及一系列的机会和威胁。

2. 产品、生产平台和网络系统可以成为战略相关信息的来源。

3. 智能系统创造了对自我状态和状态转变的意识，在此过程中，系统可以发现并提示触发转变的特殊事件。

智能系统是由系统内和跨系统的代理之间互动组成的复杂系统。

（二）智能系统对投资公司的价值评估

1. 人工和机器：投资战略基于人工和机器共同作用的结果。

2. 产品：在投资战略方面，智能学习机器可以帮助：

（1）制定新的投资战略；

（2）更好地监控投资环境；

（3）理解人工在确定投资组合或资产选择策略时的偏见；

（4）预测结果；

（5）理解市场中的元认知结构，如不容易检测到的事件和 α 信号；

（6）迅速应对机遇和威胁；

（7）更快地设计、开发和提供新产品。

（三）生产平台

在生产平台方面，学习机器可以帮助改进公司管理和公司治理，帮助识别和扩展新客户，帮助发展和加强与机构客户的关系，提升资产管理规模，部署营销力量，提供优秀的客户服务，为客户提供有效的见解，提供增值服务，引入新产品，并支持运营和生产所必需的所有其他服务。

（四）网络系统

学习机器有助于进一步了解公司的合作伙伴、供应商、监管机构、渠道合作伙伴以及与公司互动的所有其他实体。智能为公司塑造的竞争优势是基于上述因素来构建的。公司正是从这些因素中了解到如何参与竞争并取胜，公司的差异化也将在这些维度上实现。上述任何一个因素都不能被忽视。

上述讨论关注的是机器智能，机器智能可以增强人类理解环境和做出更优决策的能力。智能是人工智能的其中一面，人工智能的另一面是自动化。

六、智能和行动

（一）智能

出于商业目的，本书将智能定义为：在不确定的情况下，能够通过目标导向行为来成功地完成工作。智能化的机器会根据目标导向行为完成工作并解决未知问题。智能还可以被视为产品的属性，根据其目标成功地应对不确定性，以完成工作。为了方便理解，在此分别定义"能够成功执行任务"、"目标导向行为"和"不确定性"这三个概念。

1. 能够成功执行任务：这意味着实体或产品可以完成工作，其成功与否根据公司的目标来确定。这里是指人类为生活和生存创造价值的活动。

2. 目标导向行为：目标导向行为意味着公司的运作带有目的，而不是随机的。这个目标可能是主观设定的，也可能考虑了客观要素。

3. 不确定性：应对不确定性意味着能够在具有多种选择情况下进行运

作的能力。当然，不确定性越大，运行所需要的智能程度就越高。在简单的系统中，智能决策面对的是二选一。例如，遥控器选择开还是不开空调。但复杂的系统中会存在更多的选择。例如，在国际象棋游戏中，象棋所在的位置就能衍生出多种选择。又例如，拼写检查器或文本建议在输入时自动形成单词时可形成很多不同的选择。还有一些不确定程度更高的例子，例如在繁忙的街道上行驶的自动驾驶汽车，可供其选择的操作和路线数量是难以想象的。不过，执行或完成工作所需要的不仅仅是智能，还需要人工干预。

（二）行动

智能实体必须与所处的环境进行交互。没有与环境的互动能力，想法只会停留在头脑中，却无法采取任何行动，也不能接受任何新的输入或感知任何新的信息，因为其已与外部环境失联。不能与环境交互、困在头脑中的想法将无法辅助完成任何工作任务。因此，智能实体执行任务，需要与环境进行交互。

也许区分思维和行为会有所帮助。行为会影响环境，无论是肢体动作、数据交互还是发送通知，都是在环境中完成的。换句话说，行动不能停留在脑海中，需要与环境进行交互。当区分思维和行动时，可以认为智能（思维）和行动是相互依赖和相互关联的。有的时候，思维会驱动行动，比如开车的时候决定向右转；有的时候，行动也会推动思考，比如，当转动方向盘时，来自汽车的反馈、方向盘以及周围的环境会向大脑发送信号，帮助操作汽车在马路上通过转动方向盘来实现转弯。这种手和思考之间的协调可以看作思维和行为之间的持续快速转换。思维系统并不是孤立的，而是不断与环境相互作用。

七、自动化

自动化是完成工作的能力。完成工作需要思维和行动，而自动化与思维和行动均密切相关。

1. 思维自动化：自动化可以实现自主的智能。这里的"自主"指的是可以自己做出决定来应对不确定性。

2. 行动自动化：自动化帮助工作的非思维环节实现自动化。例如，汽车在道路上自动行驶，飞机在空中自动飞行，计算机自动完成电子表格、文字处理等工作任务。我们用汽车来代替步行，用飞机来代替自己飞行。

人类驾驶汽车、驾驶飞机或使用计算机，虽然这些机器仍需要一定程度的干预，但人类还是大大受益于自动化属性带来的效率。上述机器并不智能，而是自动化。这种自动化是行动自动化，可以完成需要与环境交互的人类工作。

八、智能化行动链条和序列

从业务流程的角度来看，流程由完成工作的智能行动序列组成。事实上，流程可以看作思考（决策）到行动和任务完成之间的状态转换，直到工作顺序最终确定和工作目标实现。

行动本身，或者至少是行动的某些部分，不需要任何思考。回到先前的例子，你决定让车右转，这种情况下的"思维"是右转，随后采取行动。动作本身可以被分解为转向动作的数个状态，通过大脑和手的协调指导转动这个动作。因此，当决策导向的智能决定向右转，大脑、眼睛、手和其他传感器就会协同工作，帮助完成右转这个动作。当收到反馈时，大脑会处理这些反馈并根据这些反馈来操作汽车，以保持汽车在路上不发生事故并做出正确的转向。思维—行为序列本身是第二类决策，也就是说，一旦行动开始，就会做需要做的事情或监测动作神经反应（反馈）序列。

显然，来自人工智能的自动化需要思维自动化和行动自动化相互融合。二者融合后，产品就可以自主思考并采取行动。

行动的行为可以有很多种。从环境中提取时间信息并作为输入变量进入系统，当环境被系统作为某种形式的输出而进行操作时，这些就是行为。因此，当机器接收到市场数据时，它可以被视为不需要机器思考的特定步骤。随后，机器思考并做出交易决定。当决定传达回做出决定的交易环境时，形成再一次的行动，这个过程既需要思考，也需要行为来执行。

九、企业软件

企业软件是由"思维"和"行动"软件组合而成的。思维—行动序列意味着将人工智能软件与非人工智能软件进行组合，构建工作任务序列。但是这些任务序列并不是围绕着"以人为中心"的自动化而构建的。

换句话说，自动化需要重新考虑商业模型，而流程需要围绕机器工作进行构建。机器的工作原理与人工不同。下一章会介绍以人工智能为中心的战略设计原则。彼时，要认识到设计一个现代投资管理公司需要建立包含非智能软件（传统软件）和智能软件（机器学习、规则基础）在内的集成软件体系。

十、数据

数据是机器学习的命脉。如果没有数据，机器学习模型就无法开展学习。事实上，我们既要关注数据的数量，还要关注数据的质量，即数据要有利于学习的开展、与开发产品的目标一致。由于每个公司都有自己的数据，因此每个公司在人工智能时代所表现出的潜力将是不同的。如下是以"人工智能为中心"的转型所需的能力：

（一）数据管理能力

你有什么数据？还需要什么数据？需要哪些数据，但要排除哪些数据？哪些数据对核心操作至关重要？拥有数据是一回事，拥有高质量的数据是另一回事。数据质量对于建设强大的系统至关重要。数据质量包括数据完整性、相关性和及时性等要素。

（二）合作开发、外购和自主开发

你可以通过合作开发、外购或自主开发等方式开发人工智能产品。究竟哪一种方式最能为公司建立竞争优势？显然，外购意味着你并不是唯一一个能够访问这一组或多组解决方案算法和数据的主体，但这并不意味着不要去考虑外购。但是，对于一些关键领域，自主开发是最优选择，合作开发是次优选择，这二者对于培养公司的专业能力非常关键。

十一、竞争优势

基于上述分析，现在可以探讨如何为公司创造竞争优势。根据前面的内容，可以归纳出竞争优势的四大核心要素。这四大要素是为公司和客户创造价值的底层支柱，都是我们需要具备的技术结构。基于这四大要素，我们设计了不同的业务流程并完成工作任务。四大要素包括：

1. 结构设计。结构设计以公司的竞争、市场定位和战略为基础，源于公司职能的部署，这些职能共同定义了企业的商业模式以及内部结构。

2. 智能的维度和质量。智能的维度和质量来自以智能为中心的核心方法。是指通过有效和高效的培训，通过匹配最优算法，以较高的准确度和高反馈及时实现训练目标。由于智能既体现在人工层面，也体现在人工的网络层面，因此智能的维度和质量也是与这两个层面相关的。

3. 智能和行动序列。智能和行动序列意味着序列链已经完成界定、排序并以高效方式运行，且实现了完美的整合。这意味着，智能软件和非智能软件以集成、和谐、同步和高效的方式运行，使机器以最佳方式成功地完成任务。

4. 数据能力。数据能力指的是公司为学习算法提供高质量数据的能力。除了数据的数量和质量，数据的跨度（即数据覆盖的范围）也很重要。为了明确数据的跨度，需要思考一下缺乏某一类数据的后果，比如阻碍公司理解现实。随着公司对现实情况理解程度的加深，可以利用在变量、特征方面有意义的表述来建模并反映现实情况。这种对现实情况的多维度理解即是数据跨度。

十二、商业能力

接下来将注意力转向商业部分。我们使用上述要素架构业务，建设一家可行且表现良好的投资管理公司（见表 2.1）：

表 2.1 战略能力的构建

	战略设计	智能的维度和质量	智能和行动序列	数据能力
α 收益能力	√	√	√	√
反应和意识	√	√	√	√
客户导向	√	√	√	√
成本	√	√	√	√
人才	√	√	√	√
创新	√	√	√	√
建议	√	√	√	√
了解客户	√	√	√	√
监管合规	√	√	√	√
风险管理	√	√	√	√
公司社会责任	√	√	√	√
审计、承诺和治理	√	√	√	√

1. α 收益能力。α 收益能力是指为实现 α 收益制定和执行战略的能力，其中的挑战具有独特性。如果投资策略很容易被他人获取或解读，那

么优势带来的差距将被迅速缩小。然而，通过分解在智能时代创造 α 收益所需的步骤，可以认识到，获取或复制我方战略的能力将很大程度上取决于竞争对手拥有相同数据、应用类似算法、执行类似评估并获得类似结果的能力。

2. 反应和意识。我们希望建立一家反应能力更强、意识更敏感的公司。意识是指掌握环境中正在发生的事情（例如，市场、行业、领域、经济和资产）、了解客户、注意公司内部情况的能力。注意公司内部情况意味着了解公司的结构、风格、偏见、心理、兴趣、社会和文化以及其他类似信息。

3. 客户导向。以客户为导向的公司为客户提供信息、知识和服务，为客户（零售或机构）赋能。这种赋能意味着公司为客户创造超额价值。

4. 成本。公司需要控制成本，这意味着公司可以通过控制成本来参与竞争，在同等条件下，成本控制可以帮助在引导价格的同时提升利润率。

5. 人才。人工智能时代不应被误解为人才时代的终结。人工智能带来的改变是让员工更敬业、更有能力、更快乐。如果管理得当，人工智能可以帮助改善企业文化，发起或改善社交，避免形成破坏性的氛围，建设更积极的工作环境。

6. 创新。在发现资产、投资组合、α 策略、产品、服务和客户支持方面的创新会形成强大的优势。

7. 建议。对于基于建议确定业务的公司来说，需要注重意见的质量和及时性。可以仅通过机器或通过机器与人工的组合来提供建议。

8. 了解客户。成功的公司总结对客户有深刻的了解，并基于这种了解为客户提供最优帮助。

9. 监管合规。成功的公司需要满足监管和合规要求。

10. 风险管理。负责任的公司需要确保有多维度的风险管理措施。

11. 公司社会责任。社会责任意味着公司积极发掘涉及利益相关者重要利益的问题，并对这些问题给予负责任的回应，即履行社会责任和道德义务。

12. 审计、承诺和治理：除了以市场为中心的风险管理外，公司还必须在审计、承诺和治理领域培养卓越的能力。

第三章　公司战略设计

本书用马车的自动化开始第三章"设计"的讲解。如果我们生活在马车时代，对于马车的自动化，我们会设计出一匹自动行走的马。不过更聪明的人意识到，真正的自动化并不是马车的自动化，而是移动的自动化。我们自动化的是马的功能，而非马的结构。但在现实中，不少公司选择的是马本身的自动化，这些公司没有发现人工智能可以建立替代性的商业模式和商业流程。战略设计科学是应用机器学习的第一阶段，也可以说是规划阶段。

一、谁来负责战略设计？

建议由公司的董事会、高级管理人员和数据科学团队的负责人主要负责战略设计工作。假设投资公司设立了人工智能和数据科学部门，同时支持业务功能和人工智能功能，在某些方面，这两个部门可以成为公司价值创造的核心引擎。战略设计工作可以由公司的高级管理人员来负责落实，并向董事会汇报。战略设计有十个步骤，前两个步骤是分别确定战略的愿景和目标，建议直接由高级管理团队来完成。剩余的八个步骤需要建立专门的跨部门团队来完成，并向高管层汇报，现代的投资公司是一个复杂的系统，并处于不断变化的大环境。不要脱离机器学习去定义战略的目标和愿景，因为机器可以帮助决定公司的愿景和目标。

二、什么是战略设计？

在建立有效和现代化的投资管理机能方面，战略设计经常会被忽略，原因很简单，因为现有的人工智能还未进入战略模式，现有的智能自动化仅限于一些实际应用（可以称为人工智能战术性采用）。人工智能战术性采用会带来许多问题，具体体现为：

1. 公司缺乏有聚合力的人工智能战略。每个部门在追求自己的战略，不考虑其他部门或者更高层面的需求。

2. 开发大量的人工智能应用程序。公司大量的供应商导致了人工智能应用的泛化，每个部门都根据自己的需求开发人工智能应用，提升了采购成本。

3. 大部分情况下，咨询公司和供应商都在更迭，有时即便耗费了巨大的开支，也没办法获得明显的成效。

4. 各个部门独立完成项目时，容易受到领导层愿景、经验和创新性的限制。

5. 项目完成的方式比较随意。各个项目被添加到数千个软件合集中，但它们的贡献却是部门化的。各个项目经常没有意识到或不知道其他系统的存在。各个项目不会创建一个更广泛的主题或自动化工作流程。各个项目变成一个个孤岛。

6. 用过去的思维和无关的模型来构建未来。例如，使用企业资源计划和客户关系管理模型来构建以人工智能为中心的公司转型。其实，思维和方法都需要改变以适应环境。

7. 项目主要做的是工作流程的自动化，即仍从机器取代人工的角度来实现自动化。在这种思维模式下，我们不禁会想，人类的工作都被机器取代了，那人类做什么呢？其实，机器的工作流程与人类的工作流程是不同的，比如基于报告的决策。当人类做报告时，会倾向于以符合人类视觉和理解的形式进行展示。究其本质，报告是一种信息反馈和影响决策的机制，一个或多个人可以通过阅读报告的文本、图像、图形或者其他视觉元素，理解信息并进行决策，当然决策需要在公司的运营框架之下做出。但是，如果让机器来根据报告决策，机器将不需要依赖视觉报告，而是依赖信息的输入。由此可见，机器和人类的工作流程是不一样的，因此，需要针对机器工作设计新的工作流程和商业模式。

8. 缺乏数据再利用、数据共享、构建公司层面人工智能能力等概念。

战略设计将公司的商业模式、目标与人工智能联系起来，帮助公司进行人工智能建设规划。而公司的人工智能转型如果缺乏顶层设计，会产生如下问题：

1. 公司将无法利用人工智能创造竞争优势。对于这些公司来说，人工智能仍然只是一项技术，而不是一种工作方式。这意味着，这些公司在进行人工智能转型时，会面临来自传统公司和金融科技初创企业等竞争对手的竞争压力。

2. 公司的人工智能项目具有随意性，无法适应更广泛的工作链。

3. 项目可能无法实现最佳效能，无法充分实现潜力或设定目标。

4. 公司人工智能项目的总持有成本可能非常高。

5. 一旦公司决定开发更集成的解决方案，大多数软件都会被抛弃。对此，服务共享有助于解决人工智能项目泛化的问题，人工智能共享模式可以简化人工智能的采用。

6. 不同的供应商会将公司带向不同的方向。虽然听取供应商的意见是有益的，但是首先要对公司有自己的期望。如本书第二章所述，公司的竞争优势来源于战略设计、智能化、自动化和数据。这些要素会通过如下方面为公司形成竞争优势：

（1）提升公司的反应能力和感应能力；

（2）以客户为导向；

（3）成本；

（4）创新；

（5）获取客户的深度信息，凭此以最好的方式帮助客户；

（6）达到甚至超过监管要求；

（7）履行公司的社会责任、道德义务，形成良好的治理框架。

三、人工智能带来的竞争优势

人工智能不仅是一种技术，还是一种产业，模仿人脑智能的能力是当前人类文明中最重要的创新。人工智能不同于人类发明过的任何机器。从杠杆和拉杆等初等机器，到飞机和计算机等高级机器，都不具备智能性。因为它们始终是机器，需要在人工的指导下运作。而现在，人类已经进入了智能机器的时代，智能带来自治，自治带来共享的未来，机器和人类可以共同创造价值。将机器智能化作为战略设计必要愿景，是领导和建设投资管理企业的关键因素。

传统的资产管理模式不仅没有竞争力，而且效率较低，不能实现客户的最大利益，甚至不利于公司的盈利能力。传统的资产管理模式无法提供客户所期望和应得的投资专业知识，忽略了人类情感、定性数据、行为、叙述和其他人工流程中的重要元素。设计和部署竞争优势、通过数据实现自动化，是重要推动力，而智能是其中的核心能力。

工作的自动化表现在自动化和智能化两个方面。自动化是指工作流程的自动化，智能化是指使组织、部门或个人变得更聪明。将盒子从 A 点移动到 B 点是工作流程；打开盒子，知道盒子里装着什么东西需要智慧，也就是智能化。同样，让机器发送销售邮件是工作流程的自动化，但让机器识别邮件的内容则需要智能化。

自动化一般指向体力（物理）工作。工业革命以来，自动化得到了广泛的应用，改变了工作的常规事务、结构、任务和流程，但没有改变工作的目标。直到现在，我们的工作流程和日常事务都是以人类为视角来设计的。而当由机器来完成工作时，并不需要一个以人为中心的工作流程设计。

智能化指的是让机器接近人类的工作表现，具备洞察能力，开发新知识，能够超越人类的能力范畴，或者至少能够跟人类做得一样好。

自治是另一个维度，是指实现工作的自动化或智能化，让工作不再需要人工的干预。自治可以简单理解为，软件在某一终端的工作需要严格的人工指导，但能在另一个终端自行运作，无须人工的干预。

人工智能的竞争优势将会从如下方面来优化公司商业模式，提升公司效益：

1. 速度：提升工作效率；
2. 智能：了解更多，更聪明，能够更好地预测；
3. 质量：提高工作质量；
4. 效益：以较低的成本完成工作；
5. 协作：通过人和机器的互动来提升工作的效率和效果。

公司商业模式优化的实际体现包括：

1. 公司将机器学习应用于量化策略制定，从而快速降低成本；
2. 访问未被挖掘的客户；
3. 为客户提供竞争对手无法提供的增值服务；
4. 提升客户的转移成本；
5. 与机构投资者一起形成良好的公司声誉；
6. 提升公司的研究能力，从而更好地寻找投资机会和搭建投资组合；
7. 部署有效的监测框架和控制措施；
8. 能够管理多种投资策略，服务于不同的客户；
9. 洞察数据，能够将数据其转化为收益信号。

四、战略设计的十个步骤

（一）设计商业模式

投资管理公司的商业模式是公司投资管理业务的运作方式，是战略设计的第一个步骤。拥有明确的业务模式对于公司的效益至关重要，有助于公司将精力聚焦在适当的价值驱动因素，并提升对客户的吸引力，正确分配资源。公司商业模式的搭建需要考虑如下因素：

1. 管理层愿景：描述投资业务的愿景，通常由高管和顾问团队来确定。

2. 管理理念：叙述投资理念，并解释逻辑。

3. 投资策略和方法：明确投资策略，如果有多个产品，需要阐述每个产品的策略。比如，产品的主要模式是定性还是定量？是基于价值还是基于增长？

4. 产品结构：描述产品结构，说明结构的适当性，评估备选的产品结构。

5. 资产类别：确定该产品的资产类别。

6. 投资工具：明确投资范围内的投资工具。

7. 产品：确定所有的产品和服务。

8. 客户：细分每个产品的客户，明确每个细分的价值属性，即客户获得的什么收益，以及每个产品如何为客户创造价值。

9. 产品定位和产品差异化：描述产品的定位和差异，按产品确定主要竞争对手。

10. 费用结构：明确每个产品的收费结构，描述产品的盈利模式。

11. 运营模式：描述公司运营规划，是否涉及业务外包？

12. 产品上市：确定产品进入市场的方法。

可以基于上述要点来构建公司的核心商业模式。但是，想要形成以人工智能为中心的商业模式，需要进一步考虑商业模式的自动化和智能化，考虑：

1. 拆分步骤来落实整体规划的要求

大部分公司没有资源和精力来对所有方面做出改变，必须对各个事项进行优先排序。不过本书坚持认为，要改变一个公司的商业模式，必然要触及公司的各个方面，当然确实也要考虑资源的有限性。比如，美国现在的军事飞机，显然与"二战"和"越战"期间的有很大差异，我们手中的智能手机也经历了多代的更替。同理，资产管理公司的转型也需要迭代，但首先要找到一个着手点，考虑公司内部职能、外部竞争和市场需求等关键要素。

在一个充满竞争的世界里，一家公司需要认识到如何进行差异化竞争。研究分析的质量是否达标？商业模式是否独特？能否为客户实现投资组合的多样化？能否提取出新的收益信号？能否降低成本？是否提升了客户的决策参与感？是否选择了合适的基金经理？投资是否基于对底层资产的看好？是否有特别的策略来吸引机构投资者？这些都很重要。

随着竞争的冲击，这些问题的重要性还在上升，指望通过修补传统模式很难承受日益加重的竞争压力。在竞争者的压力下，公司需要重新定义业务的各个方面。这就是为什么本书坚持认为资产管理公司必须重新考虑商业模式以及所做的事情，因为它们在不断地被竞争所重新定义，资产管理公司的业务边界和结构也面临调整。

有时我们会被困在对过去感知的坚持中，即使外界在变化，我们的思维也会保持静止。静止的思维会提醒大脑，公司做的是投资管理业务，然后框定资产管理特定的模式。这种框定的模式可以提供安全感，即使公司已经感受到许多东西已经不再适用。而当前新冠肺炎疫情的冲击，还会加速这种转型。

2. 来自金融科技的竞争

本书所称的金融科技企业主要针对的是专注于金融行业的初创企业和传统公司。这些公司关注利基市场，有能力吸引公众号的注意。这些公司中有很大一部分是受益于资产的承继，更容易接受技术变革，也习惯于参考机器的建议，类似于看什么电影，穿什么衣服，都会参考机器的建议。新冠肺炎疫情暴发以来，全球在关系管理上开始变得依赖技术。因此，在一个需要一定程度物理隔离的世界中，决策既需要有人类的思考，也需要有机器的思考。

3. 技术交叉优势

当大型的传统科技公司决定进入一个新的业务领域时，他们可以发挥技术交叉优势。例如，亚马逊进入零售市场，苹果进入娱乐和金融市场，谷歌进入医疗市场，Facebook 发行数字货币。这些公司可以借助自己拥有的数据和知识储备，去开发新的商业模式，提供自动化服务，收购新兴的金融科技公司，提供数据和资金支持，进而影响行业的发展。

4. 来自传统公司的竞争

传统公司可能会利用金融公司的弱点，比如德意志银行因监管合规问题而衰落，为其他银行提供了补缺的机会。传统公司也可以从技术创新中巩固地位。美国电信收购一家人工智能公司的举动表明，美国电信愿意成为一家以人工智能为中心的公司。

随着 21 世纪第二个十年的结束，富国银行做出了一个惊人的声明。该行预测，在未来几年里，将有超过 20 万名人类银行家被机器取代（Kelly，

2019)。虽然大型银行已经不止一次声称要用机器人来替换人类分析师,但一个新的、强大的经济并不是通过自动化后台工作来构建的。为了获得真正的生产力优势,企业必须将自动化作为根本上改变经营方式的现象。虽然后台工作的自动化可以帮助实现决策的自动化,但是如今人工智能技术,可以帮助建设新型的投融资公司,来真正地通过技术改变商业模式。

5. 来自国外和新兴市场参与者的竞争

首先,这个问题不仅局限于金融科技。英国《金融时报》的一篇文章称,中国正在发展科技金融(Thornhill, 2020),逐渐成为全球金融行业的领导者。中国所采取的方法不仅是实现现有金融工作流程的自动化,而是重新设计和设想新的经济发展模式。本书旨在向读者展示如何利用人工智能来发展和设计能够在新的金融经济中脱颖而出的公司。本书不是学术性书籍,而是面向金融专业人士、资产管理公司、投资公司、私募基金和公司的投资部门。基于前述市场竞争动态,企业需要构建可以创造持续竞争优势、明确产品和服务战略目标的商业模式。

(二)为公司整体设定目标

根据前述讨论,有必要为公司制定一些具体目标,包括短期目标和长期目标,每个目标都必须反映关于结果和时间点的战略意图。这些目标必须解决以下问题:

- 资产管理目标:资产管理的战略目标,以及实现的时间点。
- 客户获取目标:所需开发的客户的数量和规模。
- 成本结构目标:企业可接受的成本结构,以及如何分配成本。
- 资本:内部出资还是外部投资。
- 客户保持目标:可接受的客户流失率。
- 人力资源目标:人才管理目标。

(三)明确指出自动化和人工智能的目标

设定具体目标是为了实现总目标。首先将总目标分解为若干个具体目标(要通过人工智能来协调),具体目标可以与特定的业务流程关联。比如设定一个目标:在20××年5月20日之前简化量化战略流程,确定至少五种盈利战略。一般来说,具体目标可以是:

1. 消除部门障碍,建设专业的职能团队,重构团队模式;
2. 获取和处理新型数据;

3. 部署数据团队；

4. 开发模型；

5. 寻找可行的投资策略；

6. 测试和评估策略。

（四）设计以人机交互为基础的工作任务框架

每个具体目标可以被进一步划分为若干个工作任务。例如，开发模型可以分解为以下若干项工作：

1. 预处理数据；

2. 选择一组算法；

3. 训练模型。

工作任务可以分为认知工作、行动工作。有的时候也会两者兼有，例如，在数据预处理中，既有需要知道如何组织数据便于机器识别，又需要敲打键盘这个行为动作。

将每个任务分解为行动任务和认知任务有助于更好地理解工作环节。当工作环节连接时，二者就形成了工作链。当将工作任务设想为流程，往往偏向以人为中心。为了真正实现自动化，我们需要将人类因素从方程中移除，而只关注预期的工作输出。

一般来说，具体目标要说明总目标项下的业务流程将如何实现自动化和智能化。工作流程是由自动化和智能化的对象组成的。

（五）机器的任务：执行、思考和创造（DTC）

1. 执行（Do，D）

执行面向的是任务中相对简单和确定的部分。例如，当你打电话给餐厅时，电话在执行一个简单的命令。对于简单的操作，可以实施以规则为基础的系统。

2. 思考（Thinking，T）

如果希望机器进行某种程度的思考，即使是基础性的思考，选择的空间进一步扩大了。比如不是打电话给餐厅，而是让手机助手做预约，任务就会变得复杂很多，因为这意味着手机助手需要能够进行一些持续的对话。手机助手要执行这个任务，需经过某种程度的训练。然而，在这个模式下，手机助手也只能应对预约这个模式下出现的少量对话。

3. 创造（Creating，C）

机器在高度不确定性中运行时，必须处理许多选择，存在极大的选择空间。例如，如果餐厅很忙，会说"可以接受比较吵的座位吗?"这个时候，手机助手就很难理解语句的上下文含义和复杂的含义。在设计科学中，需要每项任务分解为执行产品、思考产品和创造产品（见图3.1），部署在工作中的一个或多个前述产品会形成工作产出。

	面临的不确定性	举例	技术方案
执行（D）	任务非常明确，多样性低，任务高度重复	让Siri拨打电话	机器人流程自动化、机器学习、专家系统
思考（T）	有数个选择、可能性和路径，重复性工作较少	餐厅预约，需要对特定场景的对话进行回复	机器学习
创造（C）	有无限的可能性和路径，没有重复性，需要创新	请求餐厅为自己保留座位	机器学习（深度学习、深度强化学习）

图3.1 DTC模型

●执行：这些都是简单的命令操作协议，通常将由一个或多个机器人流程自动化、专家系统或机器学习来完成。

●思考：存在一定的选择空间，将需要一个或多个机器学习模型。

●创造：存在较大的选择空间，很可能需要深度学习神经网络或深度强化学习模型。

每个工作结果可能对应一个或多个智能产品。

（六）创建SADAL框架

SADAL分别代表感知（Sense）、分析（Analyze）、决策（Decide）、行动（Act）、学习（Learn）。SADAL框架可以帮助将人类的工作流程以友好的方式转化为人工智能项目。

1. 感知。感知由将数据带入产品的传感器组成，可以将其看作人类的耳朵、鼻子和眼睛。对于机器，系统会将各种类型的数字数据输入机器，传感器会从环境中捕捉目标数据并将其输入人工智能产品。

2. 分析：人工智能产品可以分析数据并尝试了解环境，并模拟环境。

3. 决策：人工智能产品可以通过某种类型的指导，根据它收到的数据做出一些决定。这些指导可以被视为规则或经过训练的算法。

4. 行动：人工智能会根据输入数据和决策执行一些操作，这些操作可以被看作输出。

5. 学习：并不是所有的人工智能产品都有学习这个功能。如图3.2所示，许多人工智能产品（机器人流程自动化、专家系统）不具备高级学习的能力。学习产品需要将监督式学习、无监督式学习或强化学习单个或组合应用于执行。

智能自动化				
感知	分析	决策	行动	学习
机器人流程自动化、以规则为基础的软件、专家系统、经典人工智能				
机器学习、监督式学习、无监督式学习、强化学习				

图3.2 SADAL 模型

在为每个产品开发需求时，将其分解为SADAL产品（图3.3），最好的方法是为每项工作获取DTC元素或根据表3.1进行分析。

表3.1 工作任务中的SADAL

工作任务	感知	分析	决策	行动	学习
产品A					
产品B					
产品C					

SADAL				
使用产品审查、销售数据、公司新闻评论、产品和服务信息进行销售预测				
感知	分析	决策	行动	学习
产品审查信息、市场份额信息、公司的新闻评论、产品的新闻评论	使用来自社会媒体数据和内部销售数据；清理和预处理数据组	预测销售	通知信息变化	学会自动和持续地处理

图3.3 销售预测产品的SADAL 分析

（七）部署反馈系统并定义性能指标

执行SADAL分析后，下一个任务是阐明系统的性能标准。有性能标准意味着可以理解和衡量产品的性能。业务层和技术层都应当具有性能标准。业务性能标准包括生产、收入和利润的提升，技术性能标准通常是自动化是否能超越人工的表现。

（八）确定业务情况或价值

产品和自动化计划必须为公司创造价值。战略设计要求计算和传达自动化的价值主张。典型的价值驱动包括评估自动化对收入、成本、风险、投资成本、期权（期权的价值，如实物期权）、监管合规等要素的影响。

（九）分析风险

人工智能产品可以帮助识别如下风险：
1. 资源短缺；
2. 缺乏数据；
3. 过度拟合的风险；
4. 无法向审计师或监管机构解释的风险。

（十）制订公司治理计划

当数据分布发生变化时，模型就失去了预测的能力。人工智能可以应对不同环境，但有的时候也会失去作用。如果定义了新特征（详见第五章），而当前模型没有得到优化，新发现的特征可以帮助提升模型的性能，进而产生竞争优势。人工智能模型可能会变得不再适用、不再相关或出现故障。对此，需要确保模型保持相关性、性能和功能。除技术问题之外，人工智能模型可能会产生道德和公共政策方面的治理问题，这将在第十九章讨论。

五、关于人工智能战略设计的补充思考

（一）智能化

智能是指运用人类认知的工作类型。智能化的应用有多种方式，例如，设想需要运用人类认知能力的工作流程，并将其自动化。

（二）识别

机器可以在前述工作流程中寻找可以承担的任务，这可以看作发现了一组可能性。例如，让机器学习关注医药开发或市场上的新商业模式，以帮助寻找新的投资机会。

（三）关注

机器学习可以用于识别企业最应当执行的任务，这相当于在给企业确定任务和目标的优先次序。这个任务会参照已有的经验，选择最有利的投资。

（四）优化

学习机器完成目标确定的具体工作任务后，可以让多个应用协同工作并形成联系。

（五）评价

这是一个用来分析和比较目标的反馈系统，有助于确保任务完成各个目标所对应的步骤。

六、小结

如图 3.4 所示，战略设计从理解商业模式、明确目标、设定目标、识别活动和执行任务出发，将其细分了执行、思考、创造，并为其制定 SADAL 框架。

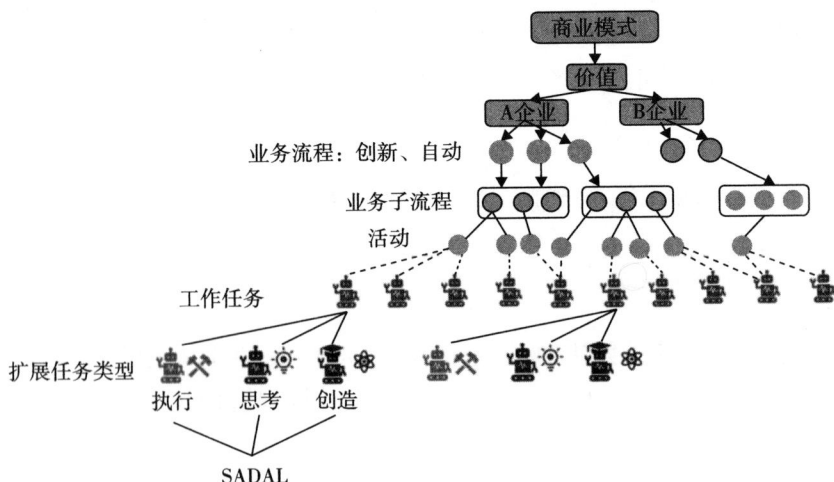

图 3.4　战略设计流程

总而言之，我们最终的目标是：

1. 了解人工智能，了解人工智能如何影响商业。

2. 设计稳健的战略，促进商业成功。

3. 形成理解、追求、实现共享共赢理念的社会结构。

4. 商业模式和业务结构充分利用人工智能革命带来的机遇，符合时代需求。

5. 构建与公司战略相适应的技术结构。

第四章　数据

在第三章，我们将商业策略与人工智能策略联系起来。在本章，我们将介绍大型公司机器学习所必需的第二种转型能力：数据能力。主要包括如何为人工智能程序构建基本的数据能力，区分各种数据需求，区分数据管理和人工智能数据管理等内容。

在人工智能"流行"之前，优秀的数据管理项目对于公司来说至关重要，可靠的数据管理项目业已成为公司取得成功的必备条件。然而，传统数据管理已不能满足人工智能时代数据管理的特殊需求。数据管理项目与以人工智能为中心的公司相结合存在一定难度，我们需要超越传统数据管理需求，将传统数据管理团队升级成为现代数据管理组织。

一、谁来负责数据能力建设？

数据能力由数据组织管理。许多公司已经设立了首席数据官（Chief Data Officer，CDO）职位（Noh，2016；Samuels，2015），首席数据官大部分都是数据管理专家。在这里，首先厘清数据科学与数据管理这两个概念。实际上，数据技术是通过挖掘数据来开发系统，而数据管理则是建立程序来组织和管理数据。

数据管理团队的工作从来都不容易，特别是随着人工智能的不断普及，数据管理团队发现自身尚不能有效面对这场变革带来的挑战。当公司尚未完全重视数据价值时，就需要开发数据管理项目并对公司高管进行培训。部分首席数据官主导的项目专注于数据治理、数据管理和数据质量，他们的核心关注点在于创建数据库、建立数据质量标准、识别数据管理员和所有者，以及探索数据谱系等领域。部分数据管理团队在创建公司数据库的过程中，面临沉重的数据策略管理负担，从而无法在策略层面有效发挥作用。除了数据管理团队外，许多公司还设置了数据技术小组。多数情况下，这些团队并不是作为一个集中的部门或组织来出现的，而是分散在整个公司中，各自向本部门主管汇报工作。数据技术人员的关注点在于开发人工智能解决方案，因此他们更关注其所负责智能产品所需的有关数据。

上述情况会使公司管理产生混乱。鉴于此，我们建议设置一个具有策略性的集中式数据组织，由其履行首席数据官的所有职责以支持人工智能转型。该组织可以由当前的首席数据官领导（要求首席数据官应当具有数据战略视野），其职能包括：

1. 管理全公司的数据；

2. 为所有的数据技术和人工智能工作提供数据；

3. 负责数据收集；

4. 负责人工智能的数据预处理；

5. 采购数据并管理与数据供应商的关系；

6. 了解当前和未来对数据的需求；

7. 履行数据治理、数据质量管理、元数据管理和主数据管理等传统的数据管理职能。

二、数据和机器学习

数据是机器学习的基础。事实上，机器学习的兴起与数据的发展密切相关。当智能手机成为我们的录像设备、录音设备和互联网接入（便于登录社交媒体）设备时，数据随之出现了爆炸式增长。目前，全世界数十亿人每天以各种形式和方式为数据增长做出"贡献"。机器正在创造着重要数据，随着数万亿台机器设备在世界各地的安装和使用，其产生的数据量已经远远超出我们的理解范畴。在一个由人类和机器共同生产的、海量的、相互关联的数据构成的信息社会中，算法时代已经到来。据估计，人类在几天内产生的数据比整个人类历史上产生的数据总和还要多。但数据增长并不是唯一的重大变化，GPU、新算法和处理大型数据的能力带来的数据处理能力的大幅提升，有助于开启机器学习的新时代。在本章中，我们将介绍公司在管理数据方面应该具备的能力。我们将以现有的数据管理理论和实践为研究基础，同时考虑履行数据管理职能（以数据技术为中心）的具体要求。首先，我们将从区分管理数据与管理人工智能的数据开始，进而厘清在投资分析中使用的各类数据，再讨论数据管理问题，而后介绍数据预处理能力的构建，最后介绍数据溯源和数据感应。

三、原始数据

原始数据在一定程度上代表了现实世界的某些方面，我们正是通过数据来理解与我们目标相关的现实情况。由于我们不能直接掌握现实世界的所有情况，因而需要关注那些能帮助我们更好地理解现实世界的方面。例如，要知道某个东西是不是汽车，我不需要知道关于汽车的每一个小细节，因为汽车比我所能解释的要复杂得多。对我来说，知道汽车的每一个部分是什么对于认识到它是一辆车可能并不重要。但对于一个修理汽车的机械师来说，汽车零部件情况等信息则很有价值。我们观察现实世界得到的各种形式的情况和信息称之为数据。我们可以通过视觉观察（如照片和视频），也可以通过声音观察（如音频文件），亦可以获得关于机器的健康状况和性能的元数据等。

现实世界通常由物体及物体间的互动关系组成，原始数据则可以让我们了解现实世界的某些方面。当数据整合在一起时，我们能对现实世界有更深入的理解，并有助于我们掌握物体的概念及物体间的相互关系。每一份数据都为相应的研究提供了一个小窗口，随着数据收集广度和维度的不断拓展，我们的研究也能更为深入、更为全面。这就需要重点关注以下几个基本问题：

1. 我们关注哪些现实情况？
2. 我们应该观察现实情况的哪些方面？通过何种方式来观察？
3. 对于现实情况，我们能了解多少？
4. 学习现实情况对我们有什么帮助？
5. 我们需要哪些数据才有意义？
6. 如何将数据结合在一起，以深化我们对现实情况的理解？
7. 我们的认知如何随着数据量的增长而发展？
8. 我们的认知如何随着数据维度的增加而完善？
9. 我们是否可以从数据中发现未知的信息？

四、结构化和非结构化数据

信息技术的兴起伴随着交易的进行与交易数据管理。交易数据，如会计系统或供应链系统产生的结构化数据，不仅可以在表格中体现，也可以在关系数据模型中相互关联。访问这类数据很容易，只需启动数据库并按照特定条件进行搜索，即可以获得与搜索条件精确匹配的数据。数字摄影、数字录像、声音文件、物联网、社交媒体文本、全球定位卫星信息以及其他众多类型信息的出现，产生了大量的非结构化数据。在过去，分析这类数据存在一定难度。与交易数据不同，这类数据缺乏结构性，因而无法简单地用表格来呈现。例如，假设你需要在银行进行一笔交易，当你走进银行时，你的影像会被录制下来；当你和银行员工谈话时，你的谈话会被记录下来。现在，银行除了掌握你的交易数据，还保存着你的视频和语音数据。银行交易数据是结构化数据，视频和音频文件是非结构化数据。银行可以使用这些数据来确定你的满意度、情绪、风格和偏好。进一步看，市场上每天产生的有价值的交易数据也包括结构化和非结构化两种形式。非结构化数据管理主要包括数据存储、组织、索引、标记、检索和使用等工作，有效地管理、使用和理解非结构化数据是人工智能带来的一项巨大挑战。

五、投资业务使用的数据

近期，出现了一种新的数据分类方法。这一分类方法将数据划分为基础数据、市场数据、分析或行为数据，以及替代数据等类型。首先，这一分类方法只针对投资业务，不针对其他业务和部门；其次，这一分类方法反映了基础数据、市场数据向其他类型数据（如分析报告）和替代数据（如元数据）演进的历史过程。过去，虽然基础数据和市场数据（来源于由人们的消费信息和相关记录）是可分析的，但却依然不能被机器分析。随着机器学习的兴起，其他类型数据和替代数据开始出现，并独立于基础数据和市场数据。但是，这一分类方法仍存在如下问题。

如前所述，在现代投资运营中，首先需要厘清公司所有职能的内在联系，而不仅仅局限于了解投资职能。此外，公司是作为一个整体在部署人工智能的，因此，所有业务和部门的数据需求都应得到重视。这也意味着，在战略规划层面，不仅要规划以投资为中心的数据，还要规划市场营销、销售、监管部门和其他部门所需要的数据。

其次，替代数据似乎是指非标准数据，这在过去可能是正确的。从投资角度分析，如果我们考虑使用替代数据和分析数据，它要么用来分析和预测资产价值与风险，要么用来研究市场交易策略，即替代数据最终都将用于基础分析和市场分析。例如，文本情绪分析（基于分析报告和收益数据）有助于我们更好地判断股票走势，准确评估股票价值、稳定性、经济效益和风险状况。替代数据本身没有太大的价值，其重要性体现在基本分析中，因为它可以用于分析评估投资组合中各种股票和投资的持有量与匹配程度等。

六、人工智能时代下的数据管理

在人工智能时代构建数据管理职能，需要同时完成以下 12 个步骤。如果是一家小型公司，可以与一个小团队一起完成；如果是一家大型公司，建议由董事或经理级别的人来领导，通过组建独立团队来完成以下步骤并向首席数据官报告工作进度，同时强调团队协作和部门协调，以更好地完成相关工作。

步骤 1：基于战略，评估数据需求；

步骤 2：执行战略数据规划；

步骤 3：厘清数据感应和来源；

步骤 4：了解数据供给情况；

步骤 5：了解数据类型；

步骤 6：数据应用；

步骤 7：架构数据；

步骤 8：提高数据质量；

步骤 9：实施数据存储；

步骤 10：Excel 的安全和隐私；

步骤 11：为人工智能处理数据；

步骤 12：投资专业化。

（一）数据需求评估（Data Needs Assessment，DNA）

数据需求评估小组负责将商业和投资策略与数据相连接，负责厘清达成策略所需要的数据，即回答"构建某种业务或投资策略或解决某个问题，我们需要什么数据？"这一重要问题。数据需求评估小组的工作是自上而下的，他们基于第三章中提出的 SADAL 模型来梳理各个领域的数据需求。

（二）执行战略数据规划

战略数据规划的执行由 CDO 领导的数据战略小组（Data Strategies Unit，DSU）负责。数据战略小组主要职能包括以下两个方面：（1）通过专业化手段监控公司战略的执行情况；（2）创建自下而上的战略，旨在解决一个重要问题——基于已有数据，可以开展何种创新？可以构建何种战略、营销策略、业务策略或问题解决方案？

第一个职能旨在解决以下问题：（1）公司最适合采取何种商业战略？

（2）什么能够使收益最大化？（3）公司的盲点是什么？盲点来源于无法将数据转换为信息和知识或无法获得数据。如图 4.1 所示，正确战略和错误战略背后的数据都有好有坏。一个基于良好数据制定的错误战略会使公司在"泥潭"中越陷越深，致使公司无法将良好数据转化为正确战略；而一个基于糟糕数据的正确战略会让公司误以为该战略是错误的，而忽视数据本身存在的错误。因此，只有战略和数据都是正确的，才能为公司创造价值。

	数据差或数量不足	数据好
战略好	高风险、随意	科学的战略
战略差	极高风险	数据无法服务于战略

图 4.1　战略 VS 数据

第二个职能在于探索如何利用数据将业务和投资战略变得更为有效。这项职能可以将数据、业务难点、业务机会相连接，且密切关注新战略和新型数据，但它目前还处在早期的探索阶段，具有一定的实验性质。

运用自下而上和自上而下的方式来研究战略和数据的关系是很必要的。自上而下式的战略是将战略与数据相连接，而自下而上式的战略则是将数据与战略相连接。自下而上是以一种温和的方式实现战略。在大多数情况下，我们首先设计战略，然后收集数据来验证并支持既定的战略。自下而上的方式告诉我们，数据不仅可以帮助我们构思新的战略，也可以为我们提供认识问题的新角度，更可以向我们展示全新未知的业务模式。基于此，我们不仅要收集确需的数据，也要不断地挖掘新的数据来源和类型，进而丰富我们的思考方式。

（三）了解数据感应和数据来源

该职能由数据智能小组（Data Intelligence Group，DIG）负责执行。了解数据的来源对于管理有序的数据组织至关重要。信息可以从数据供应商获取，也可以通过内部挖掘的方式获取。数据供应商会根据数据源对数据进行分类，如观测数据、网络图、众包数据、无人机录制的数据等。厘清数据源很重要，不仅能满足合规需要，也可以帮助我们判断是从外部购买数据还是从内部挖掘数据，更可以帮我们挖掘和探索新的数据。

数据智能小组负责整合数据内部挖掘和外部购买相关策略，收集并记录数据来源的元数据，通过数据感应来挖掘和检索数据，追踪监测目前在用的数据感应技术。数据智能小组负责监测上游数据输入和各种机器学习算法产生的下游数据输出。例如，分类机器学习算法根据领域的不同（如体育、商业、医疗保健等）对文章进行分类，那么，上游数据输入包括所有文章，下游数据输出则是添加到知识库中的分类结果。

（四）掌握数据供给情况

数据采购小组（Data Procurement Organization，DPO）是一个战略性的采购团队，负责采购外部数据，通过制作信息邀请书和建议邀请书来获取数据报价；建立数据供应链并维护与数据供应商的关系，同时开发潜在数据供应商。

数据采购小组应当由接受过业务、战略、采购、财务和数据管理等领域培训的人员来管理，相关人员需要同其他数据小组人员一起工作，以厘清整个公司人工智能转型过程中所需的数据；数据采购小组需要做出判断，是利用公司已有的数据还是从外部采购数据来满足其他数据小组提出的各种数据需求；此外，数据采购小组还需要与合规团队、数据质量团队协同合作，以确保从可靠的来源获取高质量数据。

（五）了解数据类型

数据整合小组（Data Composition Group，DCG）负责分析并整合数据；根据数据类型来研究数据（如原始数据、信号数据、报告数据、抽样数据、社会数据、聚合数据等，其中的信号数据是可计算指标，包括分析报告等数据形式）；通过评估、分析、整合数据，使数据能够更好地为决策服务。此外，数据整合小组还通过整合数据的方式来生成各种形式的可用数据。

（六）数据应用

数据应用由数据使用和治理小组（Data Use And Governance Group，DUGG）负责，根据可用性、存储位置、所有权、统计特征等多个维度来分类、收集和管理数据，管理元数据并使公司所有部门都可以访问、检索和使用数据。同时，数据使用和治理小组还负责记录数据术语、谱系、关系等数据特征。值得注意的是，传统数据治理通常适用于公司内部产生的数据。由于金融业务需要从公司外部获取部分重要数据，这就要求数据使用和治理小组必须通过开展广泛合作的方式，具备收集、管理外部数据的能力。

公司用于基础分析的数据也可以用于市场营销和销售分析。例如：

（1）识别高净值客户；

（2）确定重要投资者并了解其投资模式；

（3）基于目标公司的特殊需求对产品和服务需求开展评估。

（七）架构数据

数据架构小组（Data Architect Organization，DAO）承担开发和维护公司数据架构的责任，着力解决数据集成和互操作性，负责内容管理、引用管理和主数据管理等。

（八）保证数据质量

数据质量小组（Data Quality Organization，DQO）负责确保数据质量。数据质量具有及时性、相关性和全面性等属性。除上述属性以外，对于机器学习而言，还需要考虑额外方面，如算法是否易于使用等。

（九）数据存储

数据技术小组（Data IT Organization，DITO）隶属于首席数据官，负责确定数据存储策略和流程，制订数据存储计划；负责评估云存储、内部存储、混合存储等方式的优劣；负责选择数据存储硬件和软件，并部署数据库、存储库、追踪站和数据湖。

（十）数据安全和隐私保护

数据安全和隐私小组（Data Security and Privacy Group，DSPG）负责数据安全和隐私工作，可以与首席信息安全管理的部门协同工作。

（十一）将数据用于人工智能

数据是算法的基础，学习是通过训练算法寻找最优执行途径的方式。在学会训练数据后，算法可以在测试数据时证明其学习能力。但是将数据输入算法并不是一件容易的事，数据需要以特定的格式才能输入算法。除了要将数据调整为算法可接受的格式之外，还需要了解数据的所有属性，以使算法更为有效。在算法层面，数据所包含的信息内容并非都是同级别的，数据某些属性可能比其他属性能够传达更多的信息，对学习的贡献也更大，因此，识别出这些属性可以提升算法效率。事实上，在许多情况下，可以忽视部分信息含量较少的数据，因为这类数据不但对学习没有帮助，还会增加数据处理的工作量。

适用于人工智能的数据管理包括三个职能：数据标记，数据特征设计、提取和选择，数据预处理。上述每项职能的履行都需要单独和专门的技术支持，这些职能必须像链条一样协同工作，以创造最优绩效。在理想情况下，履行上述职能的部门可以直接向核心部门汇报工作。

数据标记：非监督式学习可以识别数据集群，但对于监督式学习而言，标记数据是至关重要的。数据本身就是一种标记，在某些情况下，标记是数据的一部分。例如，基于部分数据属性来预测资产价格，则意味着价格标记包含在数据中。在其他情况下，则需要附加、生成或制作标记。附加意味着被标记的数据是独立的，需要通过标记的方式纳入核心数据集；生成是指使用自动方法为数据分配标记；制作是指人类审查数据并为其赋予价值。

数据预处理：这是由机器学习专家（熟悉金融数据）专门负责的职能。这一职能的目标是：（1）将数据收集起来；（2）在特定环境中校准数据，并将其与资产类别联系起来；（3）清洗数据和检索数据；（4）提高数据质量；（5）保证数据信息含量。实现上述目标，需要完成以下步骤：

1. 数据优化，补充缺失或不完整的记录；

2. 分析并掌握数据统计的异常情况；

3. 管理非标准化变量和分类变量；

4. 整合不同来源的数据，以开发新功能或丰富原功能；

5. 数据标准化，防止变量出现较大偏差（如一个变量值小于1，而其他变量值均为数十亿）；

6. 对文本数据进行额外的预处理，如删除标点符号、常用词和固定符号等。

特征控制：特征控制是数据预处理的一部分。在特征控制中，可以使用特定领域的技术从数据中提取特征（反映现实情况的重要变量）。一旦提取特征，就可以研究哪些特征信息含量较高，进而为算法选取该特征。如果数据量较大，特征控制就显得尤为重要，因为用算法计算数据中的所有变量是不现实的。

（十二）投资专业化

虽然上述步骤适用于所有业务，但金融业务需要独特的数据处理方式。相关专家明确提出要确保数据管理和数据技术人员能够理解——适用于其他领域的常规流程不一定适用于金融领域。例如，从数据质量的角度来看，确保数据的完整度和准确性很重要。但在传统数据质量分析中被认为是低质量的数据，实际上可能是高质量的数据，因为其能够反映交易日当时的实际情况。

除研究数据特征之外，数据部门还应了解数据提取和采样，以便于开展定量分析。对于数据部门而言，其工作人员应当熟悉金融业务和金融标准，也应当掌握资产类别、投资工具等相关知识，还应了解哪些数据可以用于量化战略的开发使用。

七、传统数据管理

传统数据管理部门的职责主要集中在数据治理上。传统数据管理部门职责广泛，但主要责任是数据治理和数据质量管理。传统数据管理部门通过与信息技术部门的沟通协作，能够掌握公司内部数据来源和数据演变进程，形成数据管理方案。部分公司的数据管理部门在收集、管理数据方面做得很好，但仍有部分公司的数据管理部门尚未达到在公司人工智能转型的要求。数据管理部门工作人员主要由信息或数据管理专家组成，而非投资专业人员。信息或数据管理专家往往无法对金融业务和金融数据需求形成全面的认知，更倾向于关注数据治理的一般问题（如数据管理、数据所有权归属、数据质量管理等）。鉴于此，我们认为数据管理应按照本章中介绍的流程进行重塑。

第五章　模型开发

大型企业应用机器学习，核心是模型的开发。在此，我使用术语"建模"来概称建模过程中的数据、评估、执行等工作。机器学习可以帮助机器从数据中学习。机器学习方法是从数据中提取模型，让公司可以提取行为模式并做出更好的预测。机器学习可以使用一些方法来提取模型。思考机器学习的另一种方法是将其视为模型与数据的拟合。

本章将介绍机器学习，如果读者已经有机器学习背景，可以跳过本章。本章适合希望对机器学习有更深层次了解的商业人士。本章介绍机器学习的主要目标是让商业人士了解机器学习的方法和工具，便于数据团队和业务团队沟通。

一、谁来负责模型开发？

本书第四章重点介绍了如何识别数据和数据特征。数据特征库可以帮助识别最具信息含量的原始数据。在这个阶段，我们还不知道什么模型最适合什么数据，也不知道哪个模型对我们所拥有的数据最有效。第四章介绍的数据团队负责管理数据，而非模型开发。模型开发团队负责开发实际解决方案，是真正开发策略和测试算法的部门，扮演着最核心的开发角色。

模型开发团队最好由一位向首席人工智能官（CAIO）/首席运营官汇报的高管领导。现在回顾一下前两章讨论的内容：在第三章中，我们了解了战略设计；在第四章中，我们认识了如何管理数据来支持我们的战略设计。战略设计和数据管理的"输出"都会成为模型开发中的"输入"。那么，在现在的这个步骤三，我们需要为机器学习（或者其他需求）开发模型。开发一个模型意味着需要做三件事：第一，了解问题，评估需要使用的学习类型或方法；第二，在选定的学习类型中，确定需要部署什么学习架构，例如部署神经网络还是支持向量机（SVM）①；第三，选择一个或多个算法来进行训练。

---

① 支持向量机（Support Vector Machines，SVM）是由 Vapnik 等人于 20 世纪末提出的一种崭新的学习机器，它是统计学习理论的核心部分，是处理小样本学习的有效工具。

二、模型开发的高级流程

首先，快速盘点一下如下准备材料：

1. SADAL。SADAL 框架是我们的起点。我们可以从 SADAL 中了解项目目标、商业考虑、用户期望、价值、时间等。

2. 新策略数据策略单元（DSU）头脑风暴，对模型探索，以及 AI 产品不断创新背景下的投资策略，都很重要。

3. 曲线数据。数据经过预处理并完成准备后，如果建模团队需要不同格式的数据，则向数据团队发出请求。

4. 特征。识别、编排和组织数据特征，在理想情况下，可以发现和分类数据特征组合及其所含的信息。

建模团队可以通过上述准备材料训练投资和业务相关的算法。人工智能产品一般服务于：

1. 战略智能：在公司战略层面，人工智能可以作为以公司战略为中心的算法，预测、评估和监测公司的战略。无论是市场导向的战略，还是资源导向的战略，人工智能可以分析公司战略定位的优势、劣势，以及风险和机遇。人工智能还可以进行竞争监测，与战略监控模型一起，覆盖公司业务的各个方面，包括客户服务、产品发布和竞争对手监测。

2. 职能智能：除了战略和投资职能以外，人工智能还可以服务于公司其他部门，涵盖市场营销、客户服务、资产管理规模（AUM）扩展、客户和供应商关系建立、机构客户管理、供应链等方面。

3. 投资智能。投资智能可以帮助发掘投资背后的逻辑和理论，通过将信息特征转换为工作算法，寻找数据和算法之间的联系来进行学习。比如，可以从数据特征中寻找投资策略配置的线索。对于投资策略，需要有经济和科学的支撑。投资战略关注的是资产类别、投资工具、投资组合。有的时候需要从现实操作去反推理论和逻辑，但是有的时候我们也会发现，并不是所有的操作都能发现背后的经济学依据或者理论基础。

在开发上述工具时，建议遵照如下指导原则：

1. 人工智能在不断发展，每天都会有新的发现，需要保持开放的心态，不断寻找更优的模型。

2. 考虑数据和模型之间的拟合，不是模型对数据的响应程度也是不同的，效率也会存在差异。

3. 尽管人工智能会涉及具体的技术（如深度学习），但还需要注意方法与问题的适配性，可能简单的模型更能发挥作用。

4. 坚持在研究、创新、持续验证的理念下开发模型，为数据科学人员留有一定的研究自主权。

5. 持续更新战略。考虑外在环境的变化，以及竞争复制的潜在可能性，公司需要发现新数据、产生新思维，不断对战略进行更新。

了解上述原则可以帮助我们快速了解人工智能在投资管理中的各种应用，详见表5.1。表5.1的术语可参阅表5.2。

表 5.1　人工智能在金融领域的应用（Andriosopoulos 等，2019）

资产筛选	DEA、ANN、ANFIS、MCDA、模糊灰色关联度、GA、SVM、GP、模糊多标准决策方法、Copula 模型、SA
资金分配	算法方法：复杂优化问题的解决方案； 建模公式：多目标投资组合选择、随机方法、多周期模型和连续时间模型、模糊模型、鲁棒优化、网络模型
交易	以规则为基础的神经模糊推理系统、强化学习、ANN、SOM，模糊逻辑、DST、GA、多代理系统、自适应神经模糊推理系统、提升方法（Boosting）、GP、SA、在线算法、支持向量机、GA、DP、TM、马尔可夫模型、岭回归
信用风险建模	神经网络、核函数 K、分类树、决策规则、模糊和神经模糊系统、贝叶斯模型、集成学习、混合系统，风险模型、可信度理论、混合模型、LR 和 OLS、支持向量机、贝叶斯定理、QR、DE、SURV、Probit 模型和 OLS、copula 模型、深度学习、随机规划和动态规划、高效模拟方法、马尔可夫链模型、演化方法
资产负债管理	GP、机会约束规划、RO、SP、多目标随机规划
公司债务管理	MSP、SP、LP
风险资本和IPO	博弈论、模糊目标规划、支持向量机、多标准分析、自适应神经模糊推理系统、GO、FS、贝叶斯推理，马尔可夫链蒙特卡罗法
运营风险和流动性风险建模	极值理论、贝叶斯推理、贝叶斯网络、copula 模型、自适应模糊推理模型、模糊认知映射
衍生品和波动建模	线性规划、神经网络、小波、深度学习、支持向量机
金融欺诈检测	多标准分析、整数规划、TM、堆叠泛化、DT、贝叶斯分类器、网络分析、基于图模型、随机森林、最近邻

表 5.2 相关术语

英文简称	英文全称	中文全称
ANFIS	adaptive neuro-fuzzy inference system	自适应神经模糊推理系统
ANN	artificial neural network	人工神经网络
DE	differential evolution	差分演化
DEA	data envelopment analysis	数据包络分析
DL	deep learning	深度学习
DP	dynamic programming	动态规划
DST	dempster-shafer theory	登普斯特—谢菲尔理论
DT	decision trees	决策树
ETF	exchange-traded funds	交易所交易基金
FS	fuzzy systems	模糊系统
GA	genetic algorithm	遗传算法
GO	genetic optimization	遗传优化
GP	genetic programming	遗传编程
LP	linear programming	线性规划
LR	logistic regression	逻辑回归
MCDA	multicriteria decision analysis	多重迭代决策分析
MSP	multi-objective stochastic programming	多目标随机规划
OLS	ordinary least squares	普通最小二乘
QR	quantile regression	分位数回归
RL	reinforcement learning	强化学习
SA	sentiment analysis	情感分析
SOM	self-organizing map	自组织映射
SP	stochastic programming	随机规划法
SURV	survival analysis	生存分析
SVM	support vector machines	支持向量机
TM	text mining	文本挖掘

三、什么是模型？

模型是对满足设定目标的现实表达，可以帮助我们更好地理解现实。如果把语言看作一个模型，这个模型可以帮助我们理解周围的现实。比如，哪怕脑海里不能想起汽车或飞机具体是什么样子，但至少可以用文字来表示这些事物，以及这些事物的属性和动作。文字可以作为理解的符号，而语言可以作为一种模型去表达现实。又比如，地图是道路、商店、建筑等的模型，财务报表是一个企业表现的模型，成绩单是一个学生表现的模型。

学习模型可以使用某种方法来推测现实，比如：

1. 推测某公司可能要实施的欺诈行为（未来）；
2. 推测某公司实施过的欺诈行为（过去）；
3. 推测某公司正在实施的欺诈行为（现在）。

在一般语义下，"推测"指向未来的事件，但对于机器学习而言，"推测"指向的是未知的值/事物。具体来说，"推测"可以看作通过输入（特征向量）来推测输出（目标变量）的值。简单来说，就是用 x 来求 y。

四、模型有什么作用？

人类通过观察来了解事物，从简单到复杂。人类的大脑中的神经，可以产生复杂的想法、思考、情感和感觉。在人的一生中，学习经历了由简入繁的过程。先单词，再学句子，接下来是文章。不过，哪怕是学习再简单的东西，相对于机器而言，也是一种极强的天赋。

比如，我们给小朋友一辆玩具车，问"这什么?"，他很可能会回答："这是一辆车"。但是他知道这辆车是不能坐上去的，但他能从玩具车联想到真正的车。在这个过程，小朋友可以忽视汽车的真正属性，聚焦到"车"这个概念来，因为这个玩具有车的视觉图像。人类有很强的模型提取能力，可以概括车的概念，而不局限于对特定单一物体（某辆车）的理解，简单来说，就是能够提取模型并形成更广泛的理解，即举一反三的能力。这些更广泛的理解包括汽车的类型，是轿车还是跑车，是小轿车还是SUV，还有车的形状和颜色。

除此之外，人类还能够理解不同事物之间的关系。比如，道路为汽车设计的，铁轨是为火车设计的，某些云象会表示要下雨。模型一般由一些标记组成，这些标记可以用来识别物体，比如挡风玻璃、四个轮胎、门、形状等，可以帮助我们识别汽车。

这个原理可以运用到机器身上。人工智能可以概括或定义一个抽象概念，通过算法来分辨不同类型的汽车。如果是非智能的机器，它可以扫描条形码，然后检索数据库中的标记，进而显示汽车的相关信息。这显然不是智能的，因为如果数据库没有标记，机器没办法识别出面前的物体，最终只能显示"未找到匹配项"。

早期的人工智能，需要通过一些问题的回复信息来判断事物，可以成为专家系统。这类专家系统，虽然推理能力很强，但学习能力有限。而高级的人工智能起源于机器学习的分支，机器学习目前已经取得了惊人的发展。

五、学习的方法

机器学习有三种方式，本章从小孩学习的角度来对这三种方式进行更形象的介绍，便于读者理解。

（一）观察式学习（监督式学习）

小孩会通过观察别人来学习，比如去模仿身边人的行为，比如父母、兄弟姐妹、小伙伴等。在这种学习模式下，其他人的行为会成为小孩该做什么或不该做什么的"范例"，也可以叫从范例中学习。在从范例中学习时，小孩会得到范例的指引。范例式学习是通识的学习，小孩在这个过程中会举一反三，形成自己的认识。比如，如果父母向小孩展示，摸装着热茶的杯子会被烫到了，那么即使杯子里是热咖啡，小孩也可以做出被烫到的预测。这种通过范例来学习的方式，也可以称为监督式学习。在监督式学习中，模型可以通过归纳和概括范例，进而能够识别类似的新情况。

（二）探索式学习（无监督式学习）

另一种方式是探索式学习。探索好比一个小孩在后院散步，发现蝴蝶、花、昆虫和植物这些事物。小孩会出于好奇心，在脑海里记录看到的东西，一只蝴蝶，一只鸟，一朵花。之后，小孩会把自己看到的东西告诉父母，并要求父母跟自己解释。在这个过程中，小孩的学习不是通过模仿，而是用自己的眼睛去发现并向父母请教，让父母赋予这些东西一定的意义。这也可以称为无监督式学习。无监督式学习的要义在于探索和发现，并对观察到的东西赋予意义。

（三）奖励和惩罚（强化学习）

还有一种学习方式是奖励和惩罚。如果某种行为得到奖励，对应的行为模式就会得到强化；如果受到惩罚，对应的行为模式就会被削弱。这种学习方式称为强化学习。根据这种学习方式，学习是一个指导和反馈的过程，由反馈来决定行为是偏离目标还是接近目标,而奖惩则是其中的反馈机制。

六、什么是机器学习?

学习,可以看作根据一些数据来预测或发现答案的过程。例如,根据天气状况来预测是否会降雨,这时预测的对象是降雨,那么我们将"降雨"作为输出变量(也可以称为因变量或目标变量,或简称为 Y 值)。我们需要依赖一些数据作为预测 Y 值的基础,这些数据的信息含量应当充足。具体来说,云、云类型、水分、风等数据,可以用来预测降雨。这些数据指的是图 5.1 所列举的 X 值(特征)。

特征、属性或维度

x1	x2	x3	x4	x5	x6	x7	x8	x9	x10	Y
057	0.613	420.912	257.89	0.240	61.995	14.90	0.619	0.000	5.71	0
868	0.738	640.163	472.13	0.422	199.290	84.12	0.443	37.243	16.49	1
745	0.141	105.164	14.84	0.724	10.745	7.78	0.800	6.224	4.98	0
83	0.929	77.107	71.63	0.022	1.544	0.03	0.887	0.030	0.03	1
381	0.052	19.816	1.03	0.370	0.381	0.14	0.808	0.114	0.09	0
570	0.291	165.814	48.24	0.899	43.349	38.96	0.027	1.049	0.03	1
326	0.546	178.044	97.24	0.813	79.078	64.31	0.914	58.770	53.71	0
48	0.958	45.987	44.06	0.066	2.904	0.19	0.443	0.085	0.04	0
568	0.434	246.282	106.79	0.554	59.123	32.73	0.791	25.879	20.46	0
88	0.689	60.650	41.80	0.255	10.647	2.71	0.381	1.034	0.39	1
150	0.259	38.854	10.07	0.471	4.739	2.23	0.492	0.877	0.35	1
689	0.728	501.604	365.18	0.728	265.867	193.56	0.690	133.501	92.08	0
671	0.494	331.356	163.63	0.713	116.700	83.23	0.865	71.962	62.22	1
162	0.260	42.102	10.94	0.829	9.070	7.52	0.513	3.858	1.98	0
128	0.982	125.657	123.36	0.379	46.731	17.70	0.561	9.936	5.58	1
252	0.351	90.971	32.84	0.060	1.972	0.12	0.158	0.019	0.00	0
484	0.985	476.585	469.28	0.047	22.036	1.03	0.052	0.053	0.00	0
33	0.143	24.138	3.45	0.262	0.903	0.24	0.402	0.095	0.04	1
842	0.320	269.073	85.99	0.687	59.106	40.63	0.964	39.162	37.75	1
33	0.630	20.784	13.09	0.216	2.800	0.61	0.414	0.253	0.10	0
220	0.796	175.090	139.35	0.870	121.294	105.58	0.207	21.824	4.51	1
493	0.805	397.086	319.80	0.753	240.976	181.56	0.884	160.455	141.80	1
620	0.295	182.662	53.82	0.388	20.888	8.11	0.244	1.975	0.48	0
466	0.639	297.859	190.39	0.722	137.386	99.14	0.241	23.928	5.75	0
686	0.751	514.874	386.44	0.436	168.606	73.56	0.272	20.005	5.42	1
403	0.695	280.264	194.91	0.155	30.265	4.70	0.279	1.313	0.37	0
434	0.842	365.488	307.79	0.041	12.482	0.51	0.671	0.340	0.23	0
110	0.736	80.987	59.63	0.494	29.477	14.57	0.001	0.006	0.00	0
359	0.474	170.335	80.82	0.546	44.035	23.99	0.936	22.452	21.01	1
228	0.603	136.202	82.08	0.890	73.018	64.95	0.427	27.762	11.87	1
704	0.245	172.658	42.34	0.983	41.613	40.89	0.829	33.904	28.11	1
948	0.987	916.701	886.43	0.043	38.009	1.63	0.064	0.104	0.01	1
501	0.676	338.921	229.28	0.228	52.170	11.87	0.075	0.895	0.07	1
70	0.698	48.834	34.07	0.805	27.428	22.08	0.459	10.133	4.65	0
73	0.832	60.735	50.53	0.380	19.345	7.41	0.479	3.548	1.70	1
599	0.862	516.546	445.44	0.523	233.176	121.56	0.693	84.542	58.58	1
577	0.418	241.042	100.70	0.150	15.151	2.28	0.593	1.351	0.80	0
960	0.790	758.844	599.84	0.074	44.241	3.30	0.979	3.194	3.13	0
568	0.231	131.169	30.29	0.314	9.520	2.99	0.735	2.199	1.62	0
768	0.251	192.781	48.39	0.014	0.671	0.01	0.828	0.000	0.00	1
981	0.226	221.895	50.19	0.766	38.437	29.44	0.860	25.302	21.75	0
785	0.322	252.556	81.25	0.807	65.555	52.89	0.315	16.674	5.25	0
387	0.836	323.676	270.71	0.749	202.832	151.97	0.189	28.775	5.45	0
799	0.110	87.717	9.63	0.181	1.744	0.32	0.165	0.052	0.01	1
236	0.740	174.688	129.30	0.678	87.671	59.44	0.128	7.501	0.97	1
835	0.598	499.009	298.22	0.603	180.784	109.59	0.429	47.040	20.19	1
976	0.871	850.444	741.04	0.857	634.856	543.89	0.905	492.751	446.42	1
158	0.089	10.781	0.75	0.176	0.131	0.02	0.168	0.004	0.00	1
917	0.501	459.829	230.58	0.843	194.386	163.87	0.418	68.421	28.57	0
659	0.496	418.048	207.31	0.561	116.387	65.32	0.547	35.712	19.53	0
659	0.607	399.155	242.13	0.164	39.787	6.54	0.804	5.256	4.23	0
761	0.296	225.210	66.65	0.357	23.805	8.50	0.973	8.273	8.05	1
623	0.649	404.062	262.06	0.614	160.971	98.88	0.018	1.808	0.03	0
819	0.544	445.696	242.53	0.892	216.360	193.01	0.986	190.329	187.69	0
790	0.895	707.128	632.95	0.669	385.659	234.98	0.423	92.452	42.14	0
259	0.457	118.486	54.20	0.813	44.063	35.82	0.599	21.453	12.85	1
356	0.652	232.773	151.42	0.093	13.851	13.66	0.010	1.421	0.01	0
356	0.811	288.818	234.31	0.558	130.757	72.97	0.716	52.236	37.39	0
297	0.323	95.807	30.91	0.045	1.383	0.06	0.637	0.039	0.03	1
134	0.920	123.286	113.39	0.802	90.916	72.89	0.229	21.045	6.08	1

X=(x1,x2,x3,x4,…,xn) 这些是独立的自变量,作为输入

很多一般性的问题可以用二进制的Y值回答,表示是和否。Y指代固变量、目标变量和输出

图 5.1　数据、特征和目标

特征可以帮助预测输出变量(雨),本身作为输入变量。每一个特征会

代表导致降雨的某些现实，这些特征可以用值来表示，比如用数据表示温度、云类型等。这些用于训练算法的数据，称为训练数据。在图 5.1 的表格里面，每行会填列不同特征的值，这些值可以称为特征向量。

接下来就要研究特征与目标变量之间的关系，这个关系可以用数学函数来表示。例如：

是否降雨（Y，N）= w0+w1×变量 1+w2×变量 2+w3×变量 3+…

或：y=f（x）= w0+w1x1+w2x2+w3x3+…

函数中的 w 表示分配给每个变量的权重，认为更重要的特征可以赋予更高的权重。讲到这里，我们就可以给机器学习一个很好地定义了，机器学习就是去发现将特征 X 映射到输出变量 Y 的函数关系。

需要注意的是，机器学习的过程和我们初中的代数学习是反过来的。在代数学习中，我们是通过函数公式来求 X 值和 Y 值。而机器学习则是根据去发现 X 和 Y 之间的函数（映射）关系，即函数公式是未知的。如图 5.1 所示，X 值作为输入特征，每个 X 代表一个特征，Y 则表示输出（0 表示无雨，1 表示雨）。

七、机器学习的原理

人类的知识来源于观察和实践经验。人类发现了科学，并利用科学认知事物以及事物之间的关系。一个苹果会往地上掉，而不是往天上掉，我们发现了重力。这种对结果的观察使人类能够发现不同事物之间的关系。在发现了重力的存在之后，牛顿概括出了重力关系的方程式。

机器学习可以通过数据来发现事物之间的关系，进而能够做出一些预测，这个过程我们称为机器的学习。研究机器学习，除了要了解什么是学习，还要懂得如何让机器获取学习的能力，提升学习的效率和效果。

八、机器的学习过程

推理是重要的学习能力。比如，一个专家系统可以通过上一个问题的答案连续提问，最终获取问题的答案。但是，这种连续提问的学习方式在效率上并不可观。因为要设计这样一个系统，必须穷尽所有的问题和答案。这个专家系统可以看作一个由数层 if-then 代码组成的计算机程序。那么，即使是做一件简单的事情，也需要给机器设置成千上万的规则。显然，这不是最有效的方法。

一个高效的学习机器必须具备识别模型、推测未知项的能力。比如，我们开发一个预测降雨的机器学习项目，机器需要了解：

1. 水分、云类型等作为自变量的特征，这些变量会用于预测降雨。

2. 这些自变量特征的值。

3. 不同变量之间的关系，确定不同变量对于降雨结果（Y 值）的影响权重。

4. 设定学习目标。

5. 确定机器是否正确执行任务的评判指标。

下面对其中涉及的一些重要术语进行解释：

1. 特征：输入变量，比如，预测股价时将目标公司的基本数据作为特征。

2. 特征向量：与特征相关联的数值是特征向量，在表格中，特征为行，特征向量为列。

3. 方法：方法是在机器学习中用于学习的算法。与程序不同，算法不是向计算机发出指令的一组编码，也不是一套规则。详细内容参见下文。

4. 目标：机器学习通常需要有特定的学习目标，来指导制定训练策略。例如，机器学习的目标是预测股票价值或投资组合的表现。

5. 性能指标：性能指标是为了检测机器是否在学习，同时也衡量训练成功与否。符合性能指标，意味着训练后的算法已经在训练过程中完成了数据学习，同时算法也可以将数据运用于新场景。

九、算法

什么是算法？算法是机器思考的方法。在程序编码中，我们需要一步步指导机器执行任务，而算法却能够让机器自己根据模型来完成任务。这是因为，机器学习可以从数据中学习，不需要具体的指令。

想象一下，如果我们要去筛选垃圾邮件，要敲很多行"if-then"代码。首先找出垃圾邮件的常见词，并逐行编写指令来警告程序：

1. 如果是符合 A 特征的邮件，请保存到收件箱；

2. 如果是符合 B 特征的邮件，请保存到垃圾箱。

你会发现这种方法不仅需要输入大量的敏感词和邮箱，还需要编写大量的代码。这就是为什么要用到机器学习。如果机器能够识别模型，就不用我们通过数百万行代码去下指令。机器可以通过所提供的数据完成学习任务。算法是指帮助机器识别模型并进行推断的方法。训练算法需要数据，这些数据会有如下特征：

1. 发现函数关系。数据可以看作函数的搜索功能，去表达两个或多个变量之间的函数关系。例如，一个函数可以在一组单词（输入特征）和是不是垃圾邮件的输出变量之间建立函数关系。

2. 以目标为导向。将机器学习的目标放入函数中。算法只能对垃圾邮件与非垃圾邮件进行区分，无法去探究发件人的想法、意图或风格。如果有这方面的需要，要有另外一个函数。也就是说，更多额外的需求也需要更多的函数。

3. 评价函数的工具。函数的适当性也是重要的维度。算法本身不是作为解决方案的函数，而是发现函数的方法，简单来说，就是从大量的函数/程序中发现最合适的函数/程序。比如，在邮件分类中，可能有数十亿个函数可以在输入变量（文本）和输出变量（垃圾邮件和非垃圾邮件）之间建立关系，但大部分的函数建立的效果并不好。有的正确率在1%，有的10%，有的30%。如果我们先前设定的识别正确率为95%，而某一函数只能做到30%，就不能被接受。

4. 随机性。在发现函数的过程中，算法首先要找到一个随机的解，然后再去找第二个、第三个……，在这个过程中，算法会使用反馈机制来评估解是否朝着正确的方向移动。同时，算法不断地调整参数，直到无法进一步改进时，再确认此时的解是否可以接受。

5. 注重计算效率。算法需要面对上百万的可能性，效率就会很重要。因此，除了结果的适当性外，算法的运行效率也需要被考虑。

十、监督式学习

前面提到过，监督式学习是通过范例来学习，具体可见图5.2。训练范例可以看作输入和一个或多个输出的一系列组合。例如，垃圾邮件与非垃圾邮件可以由垃圾邮件中使用的单词（文本输入）和是否显示垃圾邮件的输出组成。在这种情况下，文本为输入，二进制表达的垃圾邮件或非垃圾邮件是输出。

大量的输入和输出，可以为算法提供大量的训练范例。可以将输入设定为 x 变量，将二进制表达的输出设定为 y 变量。当 x 作为输入时，算法的目标是预测 y 的值（0 或者 1）。我们可以把所有的数据都用数字来表达。例如，用 0 来表示垃圾邮件，用 1 来表示非垃圾邮件。

提供一些数据形式的范例

机器使用某种方法来理解范例（学习）

机器随机猜一个答案

评估随机答案与正确答案的差距

循环

机器通过反馈机制去寻找更接近正确答案的解

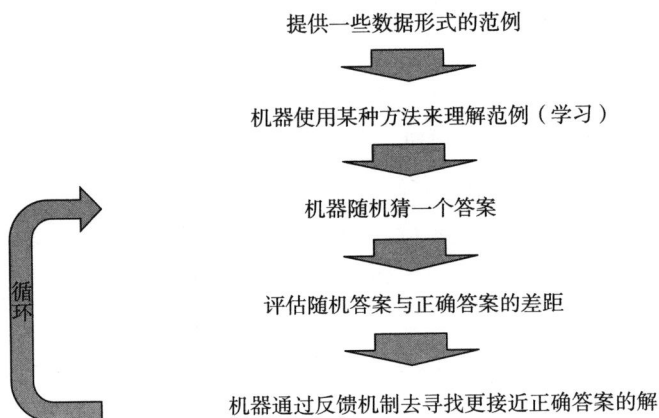

图 5.2　监督式学习中范例使用的流程

后续的章节将介绍一些文档分类的应用程序。例如，将监管文件分为不同的类别。如果手头已经有分好类的监管文件，可以将其作为算法学习的范例。同样，图片和声音文件也可以分类。

监督式学习涉及如下环节：

1. 提供范例。范例需要与机器执行的任务有关，并且范例的输入与输出应当是相匹配的。当一个范例同时具备输入和输出时，一组输入和输出称为标记数据，"标记"一词表明对于每一组输入，输出都是特定的，比如是垃圾邮件还是非垃圾邮件。

2. 通过对范例的学习，通过算法去寻找最适当的函数。

3. 预先设定一个性能指标，比如95%的正确率。

4. 提供新的输入时，机器将正确地识别为垃圾邮件或非垃圾邮件。

上文提到了将数据以数字形式表现，也叫数据预处理，具体为：

1. 对数据进行预处理，以便机器识别。

2. 选择最适当的算法对数据进行分类。

3. 为算法随机设置初始参数。

4. 该算法使用特定的方法来开发解决方案。在算法优化的过程中，会使用一个成本函数作为反馈机制（见图5.2），指导算法向正确方向靠近。通过这种反馈机制，成本函数可以帮助算法找到最适当的参数。

5. 将数据分为训练数据和测试数据，其中训练数据用于训练算法，测试数据用于检测函数对未知情况的反应。

6. 数据量可以提升效果，帮助算法更好地调整函数参数。

继续以垃圾邮件的分类为例。通过输入数据，我们可以将邮件分类为某些输出类别。但当类别超过两个，就需要注意如下问题：

1. 多分类问题。例如，动物有狗、猫、青蛙和马，有两个以上的分类。在多种分类中，分类结果是相互排斥的，即只能归类为一种。

2. 多标签分类问题。在多标签分类中，每一组输入都被分类为多个标签。例如，新闻会按政治、宗教、社会、经济等多个主题对节目进行分类。在这种情况下，一个节目可以分为多个类别，分类结果并不完全排斥，比如一个节目可能既可以放在社会主题，也可以放在经济主题。

3. 连续输出是无法分类的。例如，输出的是一段数值中的数字，如温度、股票价格、产量等。

预测连续值的输出需要用到回归算法，回归算法是估算连续值变量分布中的期望值。简单来说，当所预测的输出有一系列的值时（如资产价格），就会用到回归算法。利用回归，可以通过输入公司利润、公司收入、行业市盈率等来预测公司股票的价值。回归算法也可以用数据来进行训练。

十一、监督：分类

决策树是一棵倒过来的树，顶部称为根节点，下面的节点称为叶节点。决策树的操作流程是，先从根节点开始，询问一个关于特征的问题，然后根据答案将数据集划分为多个分支，再询问关于下一个特征的另一个问题，数据集将再被分割。这些问题和答案会一直延伸，直至到达分割点，最后的这个节点会携带先前的所有标签且不能继续向下延伸。

决策树的起点是一个有标记的特征数据集。例如，如果一个选取有张三和李四两个候选人，要预测这个选区的选民会投票给谁，可以使用教育、年龄、收入等特征来运行决策树，设置"是不是大学学历""是否超过 40 周岁""年收入有没有达到 10 万美元"，这些问题的答案会引导我们走到决策树的根部。每个问题的不同回答会生成多个路径，在树的底部，我们可以统计出张三和李四各自的选票有多少。会有一种可能，某个叶节点会出现张三和李四的交叉（分类尚未纯净①），这个概率也需要计算。

需要注意，决策树上的每一条路径都是有条件的分支，比如有这样一套规则：IF（教育＝大学，年龄＝40+，收入＝100000+），THEN 分类＝张三。

需要注意，决策树的一些路径不会完整经历所有问题。比如，通过第二个问题的回答，就可以断定受过大学教育、年龄在 40 岁以上的人都会投

---

① 即尚未到达终端节点。

票给张三，这条路径就没有必要进一步探索，因为这条路径已经到达了终点。因此，提问的顺序也很重要，有些问题可以折射出更多的信息。当然，不同特征对预测输出的信息价值也是不一样的，因此需要找出信息含量更高的特征。有些程序可以帮助识别数据集中最有价值的特征。在提高决策树预测的准确性方面，需要识别更具价值的特征，将信息含量较高的特征所对应的问题放在前面。

十二、分类：随机森林

决策树有时会导致数据过度拟合，这意味着决策树很难识别新的情况。决策树可以很好地适应提供的范例，但缺乏预测新范例的能力，这是因为决策树同时受到数据和信号（样本）由于异常值和随机性产生的干扰。

随机森林是一种集成方法，取多个决策树的平均值或加权平均值，其中每棵树代表一个特征的子样本。在训练时，随机森林创建多个决策树，然后计算分类的模式或回归的中位数。对多个树取平均可以提升结果的质量，再通过开发概括模型来解决过拟合问题，使模型能够识别新情况。

十三、使用数学函数

决策树通过将所有范例的细分为一系列连续的、信息更丰富的子集（更纯净），提升了预测能力。决策树包含了输出和输入之间更多的信息（更优、更洁净、更强），给出模型的结构和参数。决策树结构是特定的树模型，参数是在叶节点实现"纯净"的概率估计。

预测输出的另一种方法是构建一个图 5.3 的数学函数，通过参数选择来搭建模型。初始模型需要由有数学和数据学基础的专业人士来开发。后续根据训练来对参数进行调整，达到学习的目的。这个过程叫参数学习，简单来说，就是为函数寻找最适当的参数。

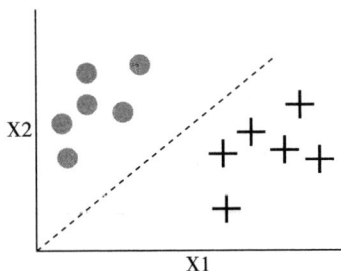

图 5.3 以函数为基础的分割

使用数学函数，是希望以一种更优的方式来对数据进行分类。在二维环境中，函数可以看作一条直线分割线，可以将数据分割成两块，一块是张三的选民，一块是李四的选民。这就是所谓的"线性分类器"。

许多问题是可以用二选一的方式回答的。比如，有还是没有实施欺诈；要还是不要给某个客户发放信贷；要还是不要投这个项目。但是，有的问题是有两个以上的答案的，甚至会有几百个，这个时候就需要用到多维度的空间（三维以上），对数据进行分类。

十四、简单的线性分类器

让我们回到张三和李四竞选的例子，我们根据教育和收入两个变量将公民分为两类：张三的选民和李四的选民。可以将线性分类器看作一条"试图"将数据切割成两部分的直线。为什么用"试图"呢？因为偏差始终是会存在的。

像二维空间中的任何直线一样，带有参数的直线有一定的斜率和截距。这意味着我们可以用函数来表示这条直线，比如：

收入＝−1.75×教育+50

其中，−1.75 是斜率，50 是截距（线性判别）。我们可以把函数表示为"收入+1.75×教育−50＝0"，并得出如果根据收入和教育计算出的数值高于零，则在这条线上面，如果低于或等于零，则在这条线下面或者线上，具体为：

如果 1×甲的收入−1.75×甲的教育+50>0，则甲属于张三选民；

如果 1×乙的收入−1.75×乙的教育+50≤0，则乙属于李四选民。

需要注意的是，我们通过直线分割数据来实现分类。如果我们的目标变量（输出变量）是张三或李四，那这个方程的意义是什么？我们的目标是通过研究收入和教育的两个特征来预测张三和李四的选民。为了衡量特征，我们将教育程度用受教育年限数值来表示，收入也以万美元为单位的数字来表示，进而形成一系列的点，每个点都是教育和收入的组合。那么，每个组合都产生了张三或李四的分类。直线把空间分割为两块，如图 5.4 所示，函数实现了分类。在图 5.4 中，我们计算了教育和收入的加权和，并在此基础上确定了一条将数据分成两个区域（张三和李四）的直线，在图 5.4 中表示为加号和圆圈。

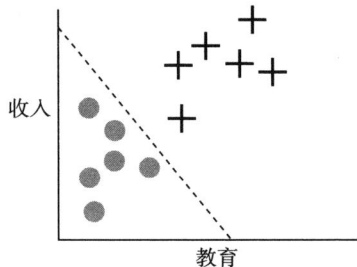

图 5.4 选票预测

这条直线可以用一个函数表示，进而帮助我们通过计算函数的值是否大于零来分割数据。这个函数可以表达为：$f(x) = w_0 + w_1 \times 1 + w_2 \times 2 + w_3 \times 3$。在这个函数公式里面，用参数表示权重，用结果的正负值来表示分类结果。在权重方面，为与输出更密切的输入设置更高的权重系数。根据这些内容，我们就通过数学函数对模型与数据进行了拟合。这就是所谓的参数化模型。

从这个函数的公式来看，除了收入和教育之外，还可以加入其他特征，如年龄和选举经历。我们之前用数字来表示收入和教育，那么其他类型的数据是否也能用数据来表示？如果数据是文本或图像，有必要将其转化为数字，才能便捷地设置参数，建立函数关系。如果变量数值的差异很大，那么参数的差异也会很大。我们之前把教育数值的范围取在 0 到 20 之间，收入取在 0 到 20 之间。在训练算法之前，首先要对数据进行数字转换。

找到一条正确的分割线是非常重要的，需要注意特征之间的差别。选择分割线的时候，我们会发现很多线似乎都能符合要求，见图 5.5。那么，我们怎么才能确定某一条直线比其他直线更优呢？有一次思路是充分考虑特征。在图 5.3 中，我们会希望特征向量（X1、X2）形成的数据点，可以明显地位于二维空间中的不同区域。

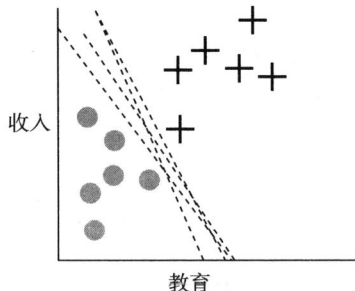

图 5.5 有多条符合条件的切割线

当然，在这个范例中，我们只能将结果分为两类。而更高级的系统（多分类器）可以将结果分为多个类别（例如，候选人有张三、李四、王五、赵六、孙七）。这个就涉及我们上面讲到的多类分类问题。还有一个多标签分类问题，我们在上面也有提及，即某个分类结果对其他结果并不排斥，彼此可以重合。

简单的分类器只能解决一些简单的问题，对于更复杂的问题，就需要用到下面讲到的更先进和更强大的方法。当然，有的方法会对有的问题更有效。

十五、监督：支持向量机

在上文的范例中，输入的是教育和收入，分类器的分类结果是张三选民或李四选民。那如何提高这种分类的可靠性呢？其中一种方法是，考虑用波段代替直线来分割数据。波段会有两个边界，两个边界都可以视为最佳边界。然后，我们在两个边界之间画一条线，可以叫作分离线（含最优超平面）。两个边界之间的垂直距离称为边距。具体详见图5.6。

支持向量机（SVM）是分类器的一种，通过建立数据之间的边界空间来分割数据（Boser等，2010）。边界空间看起来像有一条中心线的街道（见图5.6），位于数据的中间，边界确认两个最近数据与之间的距离，借此找到最优超平面。

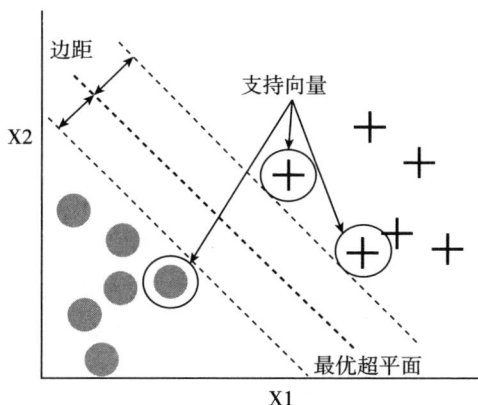

图 5.6　支持向量机

边距是最优超平面与边界的线之间的垂直距离，两端边界由包含支持向量的分类类别定义。支持向量是平面两侧最接近超平面的向量（点）。测试向量离最优超平面越远，其作为某一类别的属性越强；越接近最优超平面，其分类属性就越弱。

接下来需要思考，如果分类出现错误怎么办？错误分类会不会说明函数的预测能力不行？对此，可以用损失函数来对错误分类进行估计。损失函数，可以通过计算误分类值与边距之间的距离来估计错误。实践中，会有一些简单的规则来缓解误分类问题：

1. 如果值落在正确的分类区，则没有"损失"，即预测正确；

2. 如果值错在边界内，没有越过边界，我们不会惩罚它；

3. 如果值的错误已经超过边界，我们需要通过计算值与边界之间的距离作为损失，来对这个错误进行惩罚。

这些步骤可以帮助我们更好地处理分类结果上出现的误差。

范例虽然只使用了两个特征，分别是 X1 和 X2，但实际产生的问题可能涉及两个以上的维度（N 个维度）。对于这些问题，特征向量会被映射到一个 n 维空间，超平面会将向量分为两类。如图 5.7 所示，如果训练数据不巧混在一起了，我们还是可以尽量去画一条分割线。不过，如图 5.7 中的三角形（测试向量），实际上已经很难区分属于哪种类别了。

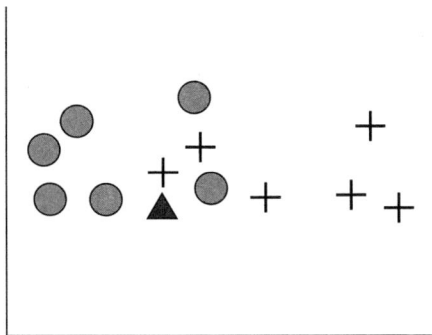

图 5.7　不可分的情形

对于超平面，其实很难通过一条直线来将数据精确地划分为两个阵营（图 5.7），这就是不可分情形。我们看图 5.7 中的三角形（测试向量），显然很难将它归类为圆圈或加号。这个时候需要用到高级的支持向量机。

如果不是很严重的情形，实际上可以选择容忍一些误分类，比如选择容忍朋友的一些缺点，比如错误是在边界内的。对于算法而言，需要保证能做好扩大边距和减少误分类之间的平衡。

如果是严重的情形，需要通过使用数学转换来转换现有的特征。例如，用平方、相乘或其他转换公式，通过提升特征的可分离程度来改变特征的状态。

如图 5.8 所示，这些在中间的数据很难分离。通过做一些数学转换，这些数据就可以比较好区分，如图 5.9 所示。一个新的维度（Z）可以通过将 X 和 Y 进行平方，并添加平方后的 X 和 Y 来形成一个新的特征。简而言之，数学转换可以让数据的分离性从不明显变得明显，让我们更容易分割数据。

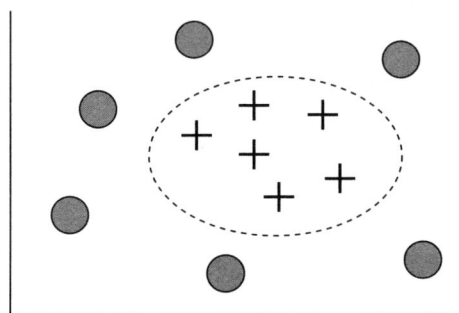

图 5.8　不可分的情形

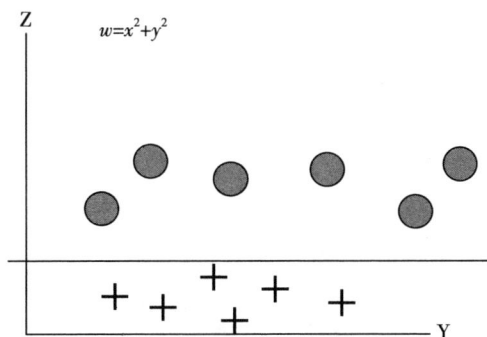

图 5.9　通过数学转换让不可分变得可分

十六、分类：贝叶斯分类器

贝叶斯分类算法，可以通过计算不同类别或结果的概率，来对数据进行分类。这些概率需要根据训练数据中的已有范例来测量。贝叶斯算法源自贝叶斯定理，假设每个特征都独立于其他特征。贝叶斯算法的核心是假设特征的独立性，来估计特征在一个类中的概率，然后将概率相乘，以确定某一类别中的特征的影响。

十七、贝叶斯信念网络

贝叶斯信念网络（Bayesian Belief Networks，BBN）同样也是基于贝叶斯定理，与贝叶斯模型将各个特征假定为独立不同，贝叶斯信念网络考虑特征之间的关联和依赖。

十八、K 近邻算法

如名称所示，K 近邻算法关注分类范例中的最近邻。例如，假设要根据收入水平对家庭进行分类，那么可以通过了解 10 个家庭（近邻为 10 个）的收入，然后在此基础上估计一个家庭的收入。我们假设同一社区内的家庭之间在收入上差距不会太大。

如果只选择一个样本来估算家庭收入，出错的概率会很高。但如果把家庭样本量增加到 10 个（近邻增加到 10 个），得出的结果会更合理。

K 近邻算法要求我们观察某一数据附近数据的属性。在图 5.10 中，三角形是一个测试数据。那么，我们看一下，这个三角形周围的数据是加号还是圆圈。当我们选取 4 个近邻，发现加号有 3 个，圆圈只有 1 个，我们可以将三角形归类为加号。但是，如果我们将 k 近邻的数量增加到 7，结果有 4 个是圆圈，3 个是加号，我们需要将三角形归类为圆圈。

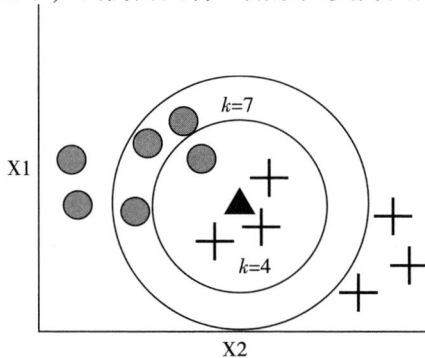

图 5.10　K 近邻

十九、监督：回归

监督式学习可以应用于分类和回归等方法中。当输出由离散的值组成时，比如垃圾邮件和非垃圾邮件、患癌和未患癌、汽车的类型，或用图识脸，需要用到分类。当输出是连续的值时，比如价格、温度或股价，需要用到回归。分类指向的是特定的类别；回归指向的是一段连续的值。

如图 5.11 所示，我们用学生的 SAT 分数（X 值）来预测学生的 GPA（Y 值）。我们需要根据 X 和 Y 的值，来发现 X 和 Y 的函数关系。

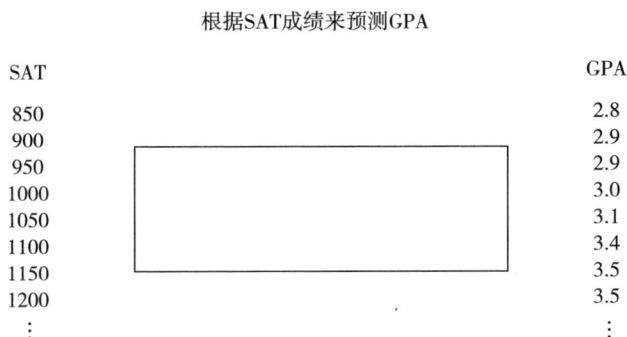

根据SAT成绩来预测GPA

SAT	GPA
850	2.8
900	2.9
950	2.9
1000	3.0
1050	3.1
1100	3.4
1150	3.5
1200	3.5
⋮	⋮

图 5.11 发现函数

要找到这个函数，我们首先开始绘制数据（图 5.12）。完成绘制后，我们可以发现，如果能找到一条穿过绘制数据的最佳拟合线，可以找到函数关系。这条线也就是我们可以输入数据（SAT 分数）的预测器，而输出将接近预测的 GPA。

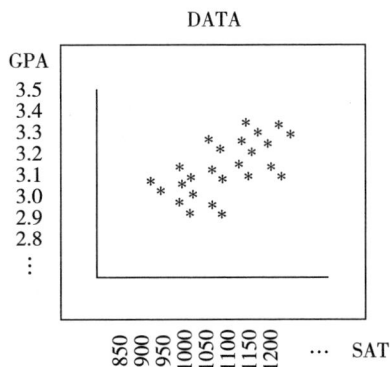

图 5.12 绘制数据

这条最佳拟合线是点和线之间的平均平方距离最小的线。我们先随机选择一条直线，然后计算所有点和直线之间的平均距离（平方以消除高于或低于线产生的正负）（图 5.13）。首次尝试产生的信息量并不大，我们要用更多的线来测算是否最小化了平均平方距离。

GUESS

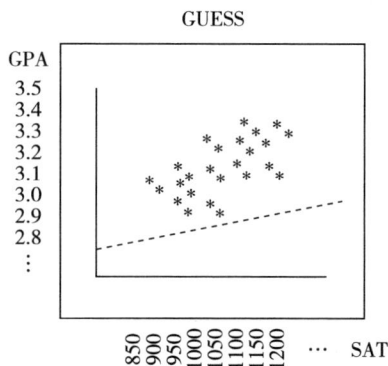

图 5.13 随机画出一条直线

如图 5.14 所示，当我们放更多的直线并计算平均距离时，可以确定，对比之前的直线，平方距离是在增加还是减少。然后通过不断改变参数（斜率和 Y 截距），去找到平均平方距离最小的理想直线（图 5.15）。如果下一条直线越过了理想线，我们能够发觉，因为平均的平方距离将会再次开始增加，这在偏离我们的目标。当到达平均平方距离最小值时，就找到了最优的线。

MOVE

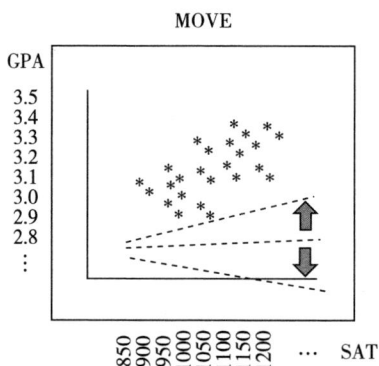

图 15.4 增加直线

继续移动和调整

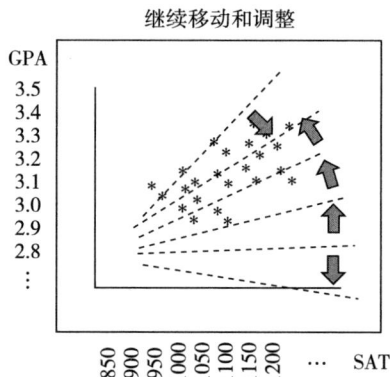

图 5.15 找到最合适的直线

由于这是直线模型，我们按照 $y = a + bx$，设 $GPA = a + b \times SAT$，其中 $a = y-$斜距，$b =$ 斜率。我们的任务是确定参数 a 和 b 的值。当我们最小化"成本函数"时，就可以找到最佳拟合线，这个成本函数是均方误差，由计算平均平方距离测量。均方误差可以理解是实际值和预测值之间的距离平方。我们使用梯度下降法来（见图 5.15）来对成本函数进行最小化。

如图 5.13，我们从一条随机线开始，为 a 和 b 设置随机值，基于这些随机值，我们通过数值代入、反复迭代来计算梯度，直到实现均方误差最小化。每次代入一对 a 和 b，就形成了一个新的函数。我们的目标是减少误差，或者说，实现成本函数的最小化。

二十、监督：多维回归

先前，我们尝试找到 SAT 分数（X）来预测 GPA（Y）的函数关系。实践中，作为输入变量的特征会有很多。例如，影响 GPA 的因素其实很多，比如玩手机的时间、性别、课外活动时间、运动量，这些都可以作为输入变量。不过，成本函数最小化的总概念不会变化。

二十一、无监督式学习

无监督式学习是探索式学习，需要主动寻找模型。我们会向机器提供数据训练机器，但不会给机器提供范例，也不会训练机器给数据分类。在无监督式学习中，没有 Y 数据，都是 X 数据（特征或输入）。也就是说，在无监督式学习中，只有输入变量，没有输出变量。监督式学习必须提供范例，但无监督式学习不需要。无监督式学习基本假设是，每个类别下的单位，是由共享的特征输入模式来定义的，即使没有任何外部指导，特征本身也可以引导分类。

无监督式学习可以帮助解决许多业务问题。通过无监督式学习，可以从大量的数据中发现新的模式，创造新的知识。以客户细分①为例，在对客户开展调查时，我们一开始并不知道要分成什么类别，有的只有关于客户的数据。我们希望算法帮助我们对客户进行分类，但到底有哪些类别，我们一开始是不知道的。需要注意，我们没有给机器提供输出数据，因此数据集没有被标记。另一个例子是，对文件进行分类，但是最终会有哪些类别，一开始也是不知道的。无监督式学习还可以应用于发现异常情况来监测欺诈行为。

① 客户细分是 20 世纪 50 年代中期由美国学者温德尔·史密斯提出的，其理论依据在于顾客需求的异质性和企业需要在有限资源的基础上进行有效的市场竞争。客户细分是指企业在明确的战略业务模式和特定的市场中，根据客户的属性、行为、需求、偏好以及价值等因素对客户进行分类，并提供有针对性的产品、服务和销售模式。

无监督式学习使用的具体方法包括关联规则、聚类①和自组织映射。数据转换，是直观了解无监督学习的方法之一。举个具体的例子，要教一个机器去学习水果分类，如果应用监督式学习，需要提供范例来训练算法，范例包括橘子、苹果、香蕉和葡萄这些水果的形状和大小（特征）；如果应用无监督式学习，我们只有输入数据，没有这些数据的标签（输出），只要有这四类水果的大小和形状数据，机器就能区分香蕉、葡萄、橘子和苹果，简单来说，就是只要给机器提供大小和形状信息，机器就可以识别出是什么水果。

无监督式学习会将相近的数据组成集群。因此，苹果会聚集在苹果周围，橘子聚集在橘子周围，香蕉聚集在香蕉周围，葡萄聚集在葡萄周围。在无监督式学习中，机器没有提前被告知正确的答案，算法仅基于提供的特征形成集群。如果我们的无监督算法将橘子和苹果放在一起，通过添加颜色作为一个特征，我们可能能够得到更好的集群。

在无监督式学习中，机器有时会找到意料之外的东西。无监督式学习允许数据自然分组，让数据自己聚集。数据会有自己的偏好，一旦类似的数据聚在一起形成一组组数据，我们可以观察数据形成了哪些数据组。

k-mean 聚类②（MacQueen，1967；Lloyd，1982）是一种聚类算法，k-mean 聚类通过将一定数量（k）的数据点（质心）随机放置在特征（输入）数据点的中间，然后计算特征数据点与质心之间的距离。每个特征向量是一个数据点，质心随机放在数据点之间。算出数据点到质心的（欧几里得）平方距离后，将更接近质心的点组合在一起。然后不断重复这个过程，直到质心的位置最优。

假设有两个关于客户的特征，分别设为 X1 和 X2，我们要根据这两个特征来对客户进行分类。根据 k-mean 聚类，首先随机放置两个质心（图 5.16 中的暗三角形），然后根据欧几里得平方距离找到离自己更近的点，形成两组数据（见图 5.17）。

---

① 将物理或抽象对象的集合分成由类似的对象组成的多个类的过程被称为聚类。
② K-means 算法是硬聚类算法，是典型的基于原型的目标函数聚类方法的代表，它是数据点到原型的某种距离作为优化的目标函数，利用函数求极值的方法得到迭代运算的调整规则。

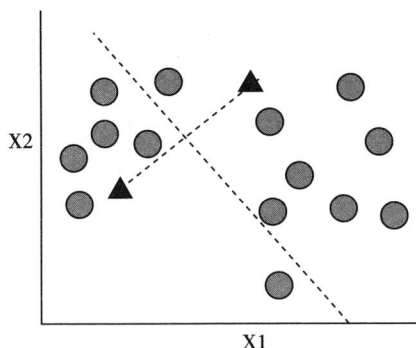

图 5.16　k-mean 聚类的第一步

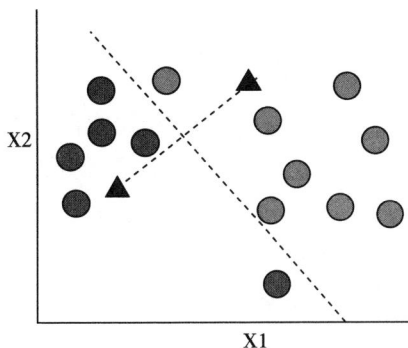

图 5.17　k-mean 聚类的第二步

形成两组数据后，计算每一组数据点的平均值，并让质心（三角形）移向新的平均位置，如图 5.18 所示，较暗的三角形是新质心的位置。质心离开了原来的位置（白色三角形），真正走到了所在数据组的中心。但这种移动也改变了原来计算出的欧几里得平方距离，这意味着，需要再划分一次数据组，并根据新的分类移动三角形。

图 5.19 为新的质心划分了新的数据组。然后计算新的欧几里得平方距离，并继续让质心移动。如此往复，直到数据平均位置不会再导致数据类别发生变化。完成这一步，两个数据组最终成形了。

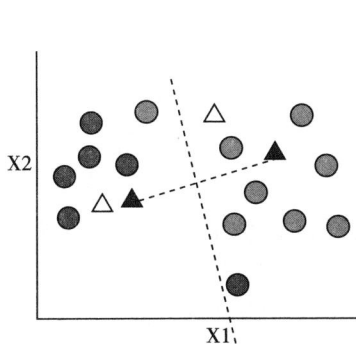

图 5.18　k-mean 聚类的第三步

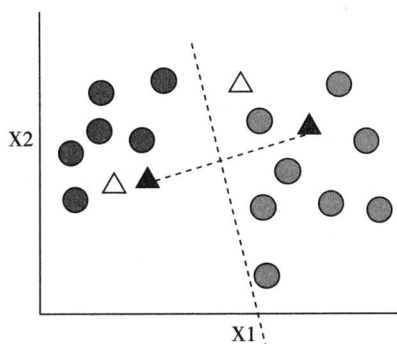

图 5.19　k-mean 聚类的第四步

接下来，需要查看形成的分类是否具有意义，并根据情况对数据组命名。在实操中，数据特征肯定不止两个。以反欺诈为例，假设公司已经积累了关于欺诈者和欺诈交易的数据，我们聚集欺诈者，来识别未知的诈骗模式。我们可能会发现，年轻的欺诈者倾向于实施高频、金额小的欺诈，年纪较大的欺诈者倾向于实施低频、金额大的欺诈。

二十二、神经网络

神经网络学习的方式跟前面的方法都不同，神经网络是去模仿人类大脑的功能。可以将神经网络看作有数层结构的神经元配置。输入层负责数据导入，输出层负责数据导出，输入层和输出层之间还会有一些隐藏层，共同形成了神经元的网络，类似于图 5.20。我们要做的是把寻找函数换成寻找神经结构。

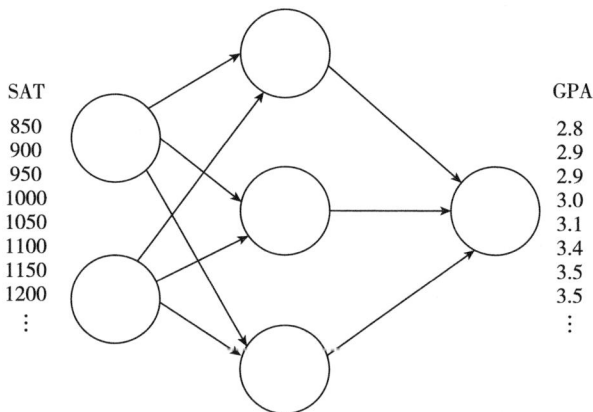

图 5.20　通过神经网络进行预测

神经网络是怎么工作的呢？当训练开始时，每个神经元（也称为节点）都是空白状态。将特征向量数据传递到输入层可以激活神经元，神经元会快速地将数据传递到下一层。但在将数据传递到下一层之前，神经元会根据收到的数据进行自我调整，调整是随机完成的。在这个阶段，神经元所能做的就是为自己任意选择一些数字，然后做最好期望（稍后会解释什么是"最好"）。当下一层接收数据时，也像上一层一样，进行自我调整，然后将数据传输到再下一层。这样一直持续到数据进入输出层，然后以预测值的形式发送出网络。将预测值与目标值（y 值）进行比较，发现二者的差异。

预测值与目标值之间的差异需要向神经元反馈，让神经元能够自我调整。之后，可以用略微不同的形式重复上述过程。在工作时，收到数据后，第一层中的每个神经元都接收数据，并为数据分配一个权重，形成公式：预测值=输入×权重。权重是随机分配的。第一层的每个神经元都会计算出预测值，这个预测值会从第一层传递到下一层的神经元中，作为对下一个神经元的输入，决定是否要激活这个神经元。

就像人类的大脑一样，某些神经元可能对某些问题更有效。我们将预期值与所谓的"激活函数"① 相乘。激活函数，是可以将预期值从任何数字转换到 0 到 1 之间的数字（概率），然后作为网关②来决定数字是否应该被传递给下一个神经元。从一个神经元传递到另一个神经元的传递值被称为放电神经元。如果放电神经元传递到下一个节点（神经元）上，则该节点被激活并重复这个过程：接受输入，分配权重，然后用激活函数对其进行调整并向下一层传递，直到输出层。

如图 5.21 所示的内容将对每个神经元重复。当到达输出层时，最终的答案被就会被整个网络输出。这个输出将代表整个网络，并与目标进行比较，计算误差。公式为：目标值−预期值＝误差。这个误差会被反馈到网络中，并用于调整权重，以便在下一次迭代时，网络可以学会缩小错误差距，调整的公式为：调整＝误差×权重。

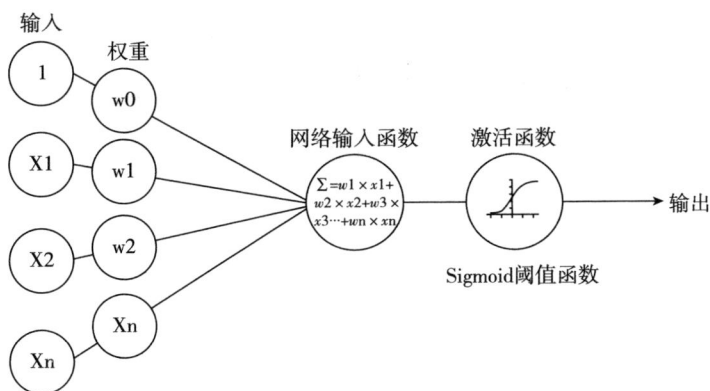

图 5.21　数据在不同层的传递

这种将误差反馈到网络中，来微调权重的方式，称为反向传播。微调权重后，网络会通过正向传播过程（每一层的节点将微调结果传递到下一层），以再次估计答案，并基于再次产生的误差再进行反向传播。正向传播和反向传播这个来回持续，直到误差被最小化。一旦误差达到最小化，神经网络就完成了训练。如果我们向这个网络输入测试数据，这个网络已经

---

① 所谓激活函数，就是在人工神经网络的神经元上运行的函数，负责将神经元的输入映射到输出端。

② 网关又称网间连接器、协议转换器。网关在网络层以上实现网络互联，是最复杂的网络互联设备，仅用于两个高层协议不同的网络互联。网关既可以用于广域网互联，也可以用于局域网互联。

有能力给出正确的答案。

深度学习是神经网络的高级形式。深度学习是一个有许多隐层的神经网络（图 5.22）。深度学习的功能非常强大，可以教机器执行复杂的任务，如分析图片、视频和声音。深度学习网络可以理解哪些特征与预测输出更相关。

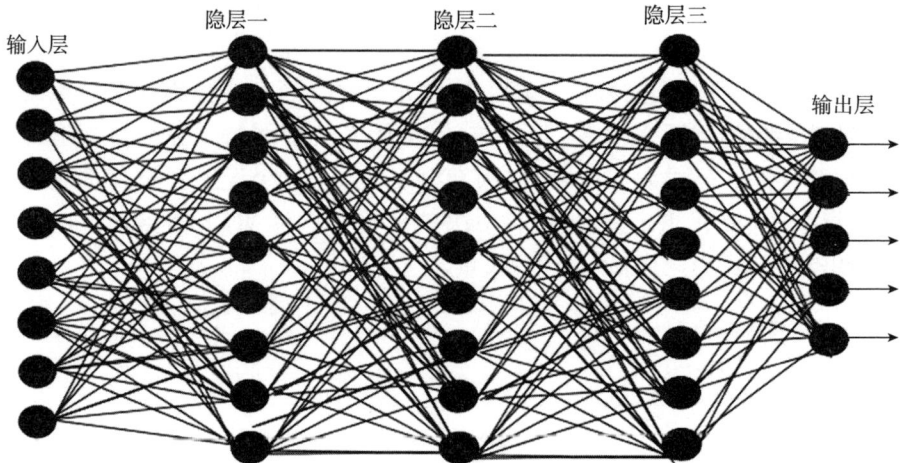

图 5.22 深度学习

二十三、强化学习

强化学习是指通过奖励和惩罚来学习，近期也在各个领域都取得了巨大成功，是一种强大的学习方式，可以用于持续的战略更新。强化学习的工作是在奖励和惩罚的基础上，让算法通过成功和失败来学习。强化学习中的代理会尽可能地实现累积奖励的最大化。强化学习是探索和开发式的学习，适合探索未知的领域，利用已有的知识追求回报最大化。

第六章　评估

让模型工作是一回事，确保模型工作是另一回事。这里所说的"模型工作"有两层含义：第一，算法有效率性、泛化[①]性、准确性，其中，效率性是指模型有较高的运行效率，泛化性是指模型可以处理训练数据以外的新数据，准确性是指模型能准确地运行；第二，模型输出的投资解决方案是有效的，其中会涉及回溯测试，即对模型输出的投资解决方案进行性能测试。

本章将介绍与评估相关的组织设计、工作流程，以及一些实务经验。此外，本章还会继续介绍分类方法，讲解如何用标记数据来训练算法。

一、谁来负责评估？

评估职能部门的领导，应当兼具机器学习和金融知识相关基础，并管理如下两个团队（见图6.1）：（1）投资策略评估团队，团队内有熟悉投资、资产类别和投资工具的专家；（2）业务/职能团队。

投资策略评估团队负责评估投资策略，工作内容包括算法评估和回溯测试评估；业务/职能团队负责评估业务战略和市场营销、会计等职能部门的角色。

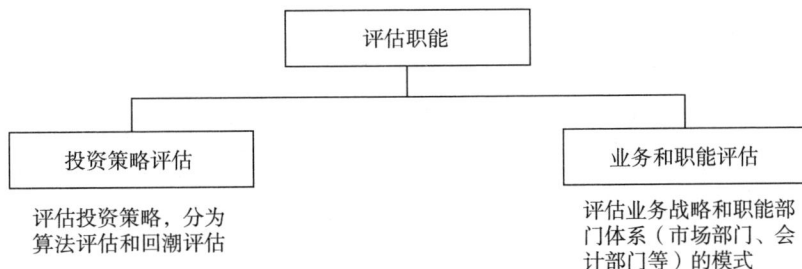

图 6.1　关于评估工作

[①] 由具体的、个别的扩大为一般的。例如，当某一反应与某种刺激形成条件联系后，这一反应也会与其他类似的刺激形成某种程度的条件联系。

投资策略评估团队和业务/职能团队共同支持建模团队的工作。通常，建模团队会在测试和部署算法时开展初始评估，而评估团队会后续开展正式的专项评估。建模团队还需要负责质控和审计，保障产品设计和产品上市的质量、稳定性、技术效果，以及与预期目标的相符性。当然，建模和评估团队还需要了解产品的生命周期，与战略设计团队一起参与战略制定和推进的全过程，此外，还需要通过研究技术创新来评价公司现有的项目方案是否能够保持竞争优势。

评估工作是围绕产品展开的，除了产品的性能，评估工作还需要关注产品的市场效果。同时，将产品市场效果作为一项目标，与回溯测试的公正性也密切相关。

如果公司规模比较小的话，评估团队的人员可以适当精简，根据公司的实际情况，让某个团队兼任评估的工作。当然，不管具体分工如何，评估团队的工作人员都需要有机器学习领域的知识基础。

二、评估工作可能遇到的潜在问题

在公司开发机器学习，需要根据数据来创建系统，可能会遭遇如下问题：

1. 模型不能"泛化"，即能处理训练数据，但不能处理新数据。
2. 在搜寻最优算法上效率较低。
3. 在搜寻最适宜特征上效率较低。
4. 底层分布发生变化，导致方案不再适用。
5. 模型在训练阶段运行良好，但在模拟实际环境的回溯测试中表现不佳。
6. 回溯测试当中不能模仿实际市场环境。
7. 训练数据无法代表算法所依赖的实际底层分布。
8. 产品的质量受到了效率、计算能力等其他因素的影响。

基于上述问题，本章下面的内容将：（1）解释如何让模型工作，这部分主要讲投资策略评估和业务/职能的评估；（2）介绍回溯测试，指向投资策略和自动化。

三、使模型工作

为了输出有效的解决方案，人工智能专家通常会先设定如下目标：

1. 问题、数据、算法三者的亲和力：第一，有效的解决方案会依赖某些类型、一定数量和质量的数据，当然，对数据的具体需求，会因所需解决的问题而异，因此，要拥有什么样的数据，与问题的类型之间存在着联系，这是数据与问题之间的亲和力。第二，是算法与数据之间的关系，也就是算法和数据之间的"亲和力"。问题、数据、算法三者彼此之间的关系，一开始是未知的，换言之，三者的关系需要通过实验和测试来发现。确定三者关系，是一个由简入繁的过程，通过不断迭代来发现最优的模型，三者关系越早识别越好。

2. 准确性：不准确的模型是没有帮助的，尤其是对于产品而言。为了提高准确率，可以扩大训练数据的数量和种类，增加训练时间和迭代次数，调整神经网络中的网络。

3. 效率性：有效率的算法扩展性好、训练速度快、计算能耗少。

4. 泛化性：算法需要应对新情形。如果算法只是对训练数据表现良好，对测试数据或实际市场表现不佳，也是不可取的。

实现上述目标，需要对模型的运行进行评估，其中包括发现能够有效提升产品开发的效率和效果的技术。为了让模型有效运行，需要：

1. 评估并发现最匹配待解决问题的算法（最优算法）。

2. 检索历史项目，假设一个最优算法。

3. 更新研究，跟踪和查找更有效的解决方案和能够提高性能的情形。

4. 找到维持问题、数据、算法三者亲和力的最佳实践。

5. 发现最优的能够提高性能的干预措施，选择适宜的算法。干预措施包括调整神经网络层、调整架构、调整参数、选取适宜的特征。

6. 确保最佳算法能够泛化。

四、过度拟合和欠拟合

本书第五章提到，泛化性是机器学习的主要优点之一。泛化意味着，与以规则为本的系统（如专家系统）不同，机器学习并不限于特定事物，机器能对事物进行归纳和总结，并将已有学习经验运用到新的现实。

监督式学习的目标是发现将输入变量映射到输出变量的目标函数。在监督式学习中，算法的训练数据是从现实中获取的样本数据（抽样），这些数据会有噪声①，且不能完全代表整体，那么不可避免的结果就是，训练数据有可能不能很好地模拟/代表现实中的问题分布。

在这种情况下，就很可能出现一个问题，一个算法能够很好地应对训练数据，训练的时候准确率很高，但是用测试数据代替训练数据之后，这个算法的表现就变得很差，这种现象称为过度拟合。进一步说，过度拟合是指算法与训练数据训练匹配，但与测试数据和现实不匹配。很有可能是因为训练数据不能很好地代表现实环境。

什么是欠拟合呢？欠拟合是指算法的学习性能未达标，也就是说，连训练数据都不能匹配。

五、规模和机器学习

解决过度拟合问题的一种方法是，为算法提供更多的数据。但可能面临的问题是，原有算法的性能趋于稳定，扩展性不佳，也就是说，算法的学习能力并不会因为得到更多的数据而提升。

而神经网络却可以应对海量的数据，形成计算规模。在神经网络中添加图层可以优化性能，那么，将添加数据与添加图层相结合，对神经网络的训练效果会有显著意义。

六、分类方法的创新

传统的分类方法将数据分为训练数据和测试数据，数据通常随机选取，总量上一般 70% 是训练数据，30% 是测试数据。如前所述，很多算法之所以会出现过度拟合的问题，是因为训练数据、测试数据与现实情况存在差异。当算法的表现不如测试预期时，数据科学家通常会根据与预期的差异对算法进行调整，以提高算法的性能，这还是会造成过度拟合。因为，当测试数据被用来提高算法的性能时，它已经转化成训练数据了，不再是测试数据。

为了解决过度拟合这个问题，首先，将数据分为如下三组（见图 6.2）：

1. 第一组是训练数据：用于训练算法。
2. 第二组是开发型数据或交叉验证型数据：这类数据是帮助算法选择

---

① 也可以称为杂讯（noise），是指随机抽样中出现的错误，包括输入错误和输出错误。噪声产生的原因有二，一是标记错误，如将张三的选民标记为李四的选民；二是输入错误，比如数据少写了一个 0。

更优特征、调节参数和选择干预措施的中间步骤，目标是提高算法性能。

3. 第三组是测试数据：测试数据应当仅用于测试，不要用于改进算法或提高算法的性能，测试数据的任务是对算法的性能进行无偏见的评估和评价。

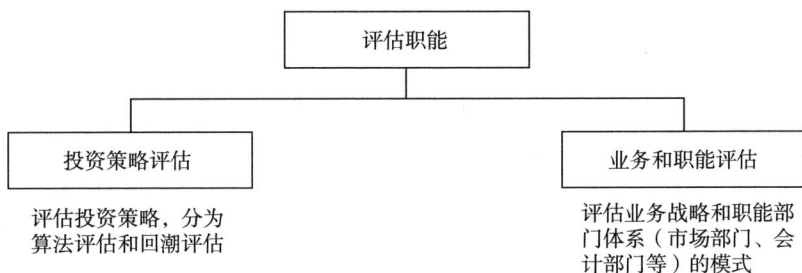

图 6.2 训练、验证、测试

完成数据分组后，评估团队需要采取如下措施：

1. 应用分类方法，随机确定训练数据、开发/验证数据和测试数据。

2. 了解三组数据的数量和分布。

3. 需要保证开发/验证数据和测试数据交叉验证的来自同一总体。如果从不同的总体中选取开发/验证数据和测试数据，就会出现过度拟合的问题。

4. 分析测试失败背后的原因，采取缓释措施。有的时候，即使采用了三类数据分类法，算法还是有可能不符合预期，原因可能是开发/验证数据过度拟合了，或者开发/验证数据和测试数据不是来自同一总体。

5. 拟定一些准确率、精确率、召回率和 F1 分数[①]等指标，说明什么是符合性指标（足够好），什么是优化性指标（要更好），根据这些指标来评估算法的性能。

6. 研究方差和偏差（见第七部分）。

7. 检测和纠正错误，比如识别并标记错误的数据。

8. 找到性能最好的算法。

七、偏差和方差

Andrew Ng 在 2018 年出过一本书——《机器学习的向往》（Ng，2018）。这本书提到，偏差和方差是帮助查找问题根源的测量方法。

---

① F1 分数（F1-score）是分类问题的一个衡量指标。一些多分类问题的机器学习竞赛，常常将 F1 分数作为最终测评的方法。它是精确率和召回率的调和平均数，最大为 1，最小为 0。

首先从训练误差的概念开始。训练误差是衡量算法性能的一个指标。如果算法对90%的数据进行了正确的分类，那么这个算法的训练误差是10%。如果这个算法的分类准确率是99%，那么它的训练误差则是1%。

另一个概念是开发/验证误差：算法在处理开发/验证数据时出现的误差，原理与训练误差相似，比如当算法在处理开发/验证数据时，对95%的数据分类正确，则开发/验证误差为5%。

偏差指的就是训练误差。那什么是方差呢？方差是偏差（也就是训练误差）与开发/验证误差之间的差。比如，如果一个算法的训练误差（偏差）为1%，开发/验证误差为10%，那么方差就是9%。

方差越高，数据过度拟合的问题就越严重，背后的原理就是，算法在训练数据上的表现不能泛化到开发/验证数据。也就是说，算法在开发/验证数据上的误差相较于训练数据进一步扩大，说明算法不能对训练数据以外的数据进行泛化。可以说，高方差一般意味着过度拟合。

另外，如果方差较低，但是偏差很高，这就是欠拟合，即算法在训练数据上的表现就不好。例如，如果偏差为12%，开发误差为13%，那么方差是1%。这意味着，算法在训练数据上的表现就很差。

最坏的情形是，算法的偏差和方差都很高，也就是说，算法在训练数据上表现很差，在开发/验证数据上的表现比训练数据更差。

Ng（2018）指出，偏差可以分为可避免偏差和不可避免偏差，这里所说的"避免"是指如果由人工来执行是否能避免。不可避免偏差是指人工执行也不能避免的偏差，可避免偏差是指机器如果达到人工水平就能避免的偏差。因此，我们更应该关注可避免偏差。Ng（2018）提出，如果可避免偏差较大，可以添加层和节点来扩大模型/算法的规模。如果方差较大，可以扩大训练数据的规模。

八、回溯测试

对于一般行业，机器学习可以自动地建立业务流程。但对于金融这个快速变化的行业，评估工作更为复杂，产品对训练数据、验证数据和测试数据的有效性，并不一定能延伸到真实的生产环境中。

对于一般行业，如果公司为营销需要设计了一个智能推荐程序，让这个程序根据客户的操作、特征和历史记录进行推荐，这种程序一般可以一直应用，因为客户的选择、特征和操作模式具有相对稳定性，这就意味着其对应的智能产品生命周期会相对比较长，作用也比较稳定。

而回到金融行业，投资策略需要根据市场状况的变化和竞争对手的反应不断更新，对应的智能产品需要能够紧跟这些变化、发现新的模式。目前，在投资领域，机器学习程序只能代表特定的策略，作用会随着时间的推移而下降。投资策略反映的是特定市场条件下的盈利模式，能够在快速变化的市场中找到盈利模式。其中，需要了解哪些方面更容易受到市场环境影响，这是一个难点。底层数据可以反映投资策略与市场条件之间的相互作用。因此，需要恰当地实施回溯测试，防止投资策略不能适应现实市场条件。投资策略的形成是一个过程。

什么是回溯测试？回溯测试是指用不同的市场条件对策略进行测试。请注意，回溯测试不是通过数据来制定策略。如果要确定策略能否走出实验室（运用到现实环境），需要对算法开发出的投资策略的历史表现执行回溯测试。具体的流程是，测试投资策略在某段的表现，估计该策略在这期间可能产生的利润或损失，据此评估这种策略是否可采纳。

回溯测试需要评估样本内（IS）测试和样本外（OOS）测试之间的差异。样本内测试是用开发阶段使用的数据来测试策略，样本外测试是用开发阶段未使用的数据来测试策略。有人可能会觉得，这不是很简单吗？只需要从策略开发以外时间段提取样本数据，然后用这些数据运行策略，就可以评估策略的表现。De Prado 多次表明，回溯测试远不止这么简单，开展回溯测试是需要丰富的经验的（De Prado，2018；Bailey 等，2014；López De Prado 和 Bailey，2001）。不少学者对此表示赞同（Arnott 等，2019）。

开展回溯测试，一般会面临如下问题：

1. 有限的数据：除交易数据外，金融行业的其他数据是比较有限的。比如，过去 55 年的月度和季度股票数据能够给出的观察报告不过几百份，经济基本面和经济指标的数据也是有限的，有限的数据会限制开发和测试策略的能力。

2. 经济学基础：机器学习可以通过数据分布发现能够盈利的策略，但通常很难给策略为什么能盈利提供有力的逻辑或经济学解释。换句话说，我们可以证明某个策略能够盈利，但不能用经济学原理来解释盈利的原因。

3. 创造解释：有的时候，研究人员对于有前景但不能用经济学原理解释的策略，会自己创造出经济合理性理由。但这种主观创造经济逻辑的方式有很大的风险，因为这些创造的解释可能很难通过测试。

4. 忽视人性因素：开发模型的人有的时候会忽视现实因素，比如一些事件和交易背后的人性因素，忽略了恐惧、贪婪、羊群行为的潜在影响。这些人性因素可能会成为信号中的噪声。

5. 过度拟合：我们前面解释了过度拟合的概念。过度拟合出现的其中一个原因是，某个策略成功通过测试是偶然的。对此，需要严格把控测试。例如，对所需测试的策略运行 20 次，第一次的回溯测试应当假定失败，如果接下来的 19 次都是失败的，就判定这个策略是不可行的。

6. 结果完整性：De Prado 发现了测试中存在的事实滥用的问题，研究人员只披露成功的测试，而不披露测试失败的次数，即隐藏失败的概率。

7. 拒绝了一个好模型（假负例①）或接受了一个差模型（假正例②）：好模型有的时候可能会因为数据的特征而被拒绝采纳，差模型有的时候可能会因为错误的事实基础被采纳，或者被认为能够优化而被采纳。在投资领域，假负例和假正例都是不好的事情。假负例会造成公司无法为投资者选择好的策略，给竞争对手带来优势；假正例会造成亏损，导致投资者利益受损。

8. 修改条件来证明差模型的有效性（削足适履）：机器学习通常会通过更改特征和参数/超参数来让模型有效，提升模型的性能。但这不一定能直接嫁接到金融领域，因为为了让模型有效，很容易将模型运行的条件调整到偏离现实，再使用一些传统的干预措施来矫正，选择性地忽略资产类别、期间（例如，衰退或萧条）、交易成本、营业额和企业行为等因素，强行证明模型的有效性。在这种情况下，我们不是在根据真实环境制定策略，而是同时修改策略和环境条件，强行让二者匹配。显然，现实市场条件很可能会偏离强行创造的条件。

9. 数据问题：De Prado 指出，研究人员（尤其是学者型研究人员）在抽样时经常会忽略数据的代表性，比如有的数据会有时差，或者没有对基本面或经济数据进行回顾性调整。没有可靠的数据，策略可能不起作用。De Prado 还指出，除了需要拥有可靠的数据供应商外，模型开发人员还应该熟悉各种标准，如 CFA 研究所的 GIPS®。

九、回溯测试协议

从上述问题我们可以看出，研究人员为了证明模型的有效性，会在修

---

① 判断为正例，实际为负例，判断错误。
② 判断为负例，实际为正例，判断错误。

改模型的同时，幻想出一些理想的条件。但这些幻想往往会偏离现实，最终导致投资的失败。对此，回溯测试团队需要根据 Arnott 等提出的如下协议来验证策略（Arnott 等，2019）：

（一）提供经济学逻辑

在深度神经网络世界里，我们会发现不少看起来有效的模型缺乏经济解释或逻辑。显然，我们需要解释这些关系的原理。对此，我们可以区分事前解释或事后解释。事前解释是用已有的经济学原理来解释结果，事后解释则是通过观察结果来认识或形成一个理论。不少研究人员和从业者认为，事后解释对制定好的策略很重要。不过，通过事实来归纳理论的方式在合理性上会遭受一些质疑。因为金融理论有一定的封闭性，如果发现一个（些）新的行为模式，需要对金融理论进行扩展。结论是，我们可以通过事后解释来论证一些模型的有效性，不过，相关质疑也有一定道理，这可能会造成不负责任的投资。

（二）多策略

为了更好地理解不同策略之间的相关性，需要跟踪和记录机器随机确定的策略，以及这些策略使用的变量。Arnott 等解释道，随着应用变量或从现有变量的互动中发现/创造新的变量，会催生许多新的策略。

（三）样本选择和数据

Arnott 等人建议，需要提前确定训练样本，并在此后保持样本的稳定。这种做法是在保证样本数据的质量以及与模型的匹配性。考虑到样本数据是在测试阶段发挥作用，在回溯测试的时候就要模拟测试阶段的条件。在回溯测试中，数据的质量不是指数据的正确与否，而是指错误的数据得到了关注，因为错误也有代表性。对于数据管理学专家，这个概念可能很难理解，因为通常得到关注的是正确的数据，而不是错误的数据。

（四）交叉验证抽样

研究人员对验证数据的选择条件带有后见之明，因此需要保证他们的认识不会带有偏误，即后见之明偏差①。对特定市场条件了解可能有局限性，造成交叉验证样本出现偏差。对于对样本数据有效、对样本外数据失效的模型，我们可能会通过后知的信息来调整样本让模型运行有效，从而造成过度拟合。最后，回溯测试需要考虑交易的成本和费用，这种对部分现实的忽略也会造成通过测试的策略不能应用于现实。

（五）模型变化

我们无法确保我们能够知道所有的现实，即保证所有的现实得到代表，这点类似于海森堡测不准原理②，即不可能同时知道一个粒子的位置、速度。同样的原理可以应用到金融领域，即不能用过去的交叉验证结果去推断未来，因为现实条件是在不断改变的。

（六）维度

为模型添加更多的变量，意味着需要提供更多的数据。那么，随着变量的增加，部分变量所拥有的数据会变少，从而导致数据的稀疏。需要补充的是，复杂的模型解释难度更大，如果能够开发出可解释的机器学习模型，在金融领域是一件很有价值的事情。

（七）培养研究文化

公司需要培养研究文化，不过度追求效率，为研究工作提供充分的条件。

---

① 后见之明偏误是指把过去的事件当作仿佛有预测性的那样去审视的倾向。行为研究已经发现，人类具有很强地受到该偏误支配的倾向。

② 海森堡测不准原理：不可能同时知道一个粒子的位置、速度，粒子位置不确定性大于、等于普朗克常数除以 4π，微观世界的粒子行为与宏观物质不一样。不确定原理涉及很多深刻的哲学问题，海森堡说："在因果律的陈述中，即'若确切地知道现在，就能预见未来'，所得出的并不是结论，而是前提。我们不能知道现在的所有细节，是一种原则性的事情。"

第七章　部署

部署是一个重要的环节，涉及两个团队。部署团队需要一名负责人，负责具体部署前面阶段开发的人工智能方案（Noh，2016）。这个角色有点类似于首席信息官，不过最好要对系统、基础设施和信息技术都有一定的基础认识。本章主要谈及产品在技术层面的部署，而不是投资策略在投资过程中的部署。后者主要涉及在生产环境中测试策略、确定策略生命周期、分配资本等细节，这些会在下一章中讨论。本章仅介绍技术层面的部署。

人工智能是对企业技术资产和技术产品的新补充。在过去几十年里，公司拥有了很多 IT 资产：大型机、偏现代的企业资源计划和客户关系管理方面的业务软件、分析和报告技术产品、数据存储产品（如数据库、数据集和大型的数据仓库）、数据中心、数据湖、数据云、网络基础设施、安全设施、ETL① 技术等。在基础架构之上，还部署了应用程序、流程和分析软件。

当然，引入人工智能需要对现有的 IT 基础设施进行基础性的重新思考。具体而言，我们可以确定公司对人工智能的一些关键需求：

1. 企业人工智能平台：这是一个公司层级的机器学习系统，通过人工智能平台构建人工智能应用程序。目前市场上已经有了一些成功的实践，这些系统也各有优点和缺点，如 IBM Watson、AWS、Data Robot 和 Cognitive Scale。

2. 高级计算能力：人工智能产品依靠 CPU 和 GPU 具备较强的处理能力。Prado 在他新出的一本书中讨论了量子技术（De Prado，2018）。在通常情况下，处理能力和响应速度是金融行业竞争的重要因素，尤其是对于一些高频交易，计算能力的重要性可见一斑。

---

① ETL，是英文 Extract-Transform-Load 的缩写，用来描述将数据从来源端经过抽取、转换、加载至目的端的过程。ETL 一词常用在数据仓库，但其对象并不限于数据仓库。ETL 是将业务系统的数据经过抽取、清洗转换之后加载到数据仓库的过程，目的是将企业中的分散、零乱、标准不统一的数据整合到一起，为企业的决策提供分析依据，ETL 是商业智能项目一个重要的环节。

3. 预处理：本书第四章对数据的预处理已经做了介绍。对于机器学习而言，数据的预处理是一个必要环节。机器学习所执行的预处理跟传统 IT 产品是不同的，报告系统、分析软件或应用程序等传统 IT 产品不需要密集的、以模型为中心的预处理，但这是机器学习所必需的。也就是说，想要实现公司层级的机器学习，必须部署高效的数据预处理流程。根据第四章的内容，将数据用于训练算法之前，需要对数据进行预处理，比如对数据进行数字化转换，对特征进行缩放，或者添补缺失数据。对于金融业务，预处理可能还需要一些其他步骤，包括恢复数据原始形式，比如交易日临近结束时点或财务报表发布日的数据状态。这些要求也从侧面反映了可能有不完整甚至不正确的数据。而另一方面，要测试策略，就要重新创建模拟期间可能存在的条件。

4. 数据基础设施：数据基础设施，既关乎大数据——集中存储和处理的结构化数据和非结构化数据，也关乎标记数据，以及保障能够根据需求有效检索数据。数据的格式一般比较多样，用途和来源也会相当广泛。既有外来数据，也有内部生成数据，包括预处理数据、特征和特征目录、研究思路、投资策略思路、特征说明、数据库、机器学习代码、已知函数和其他机器学习特定数据等。这些数据都需要进行转换，甚至需要代入一些新功能。

5. SDI 和 ADI：《首席信息官杂志》有一篇文章介绍了不同软件基础设施（比如数据中心、云端）之间的区别，认识这些区别对于知识管理和基础设施运行有很重要的意义。文章还提到，在人工智能时代，人工智能基础设施是基础设施管理的现代方法。ADI 由机器学习智能算法组成，这些算法可以学习、适应和自适应基础设施管理中出现的各种挑战和问题。文章指出，人工智能基础设施可以帮助：

（1）根据工作负载需求调整响应性资源的部署。

（2）培养自意识，让机器能在基础设施组件的不断变化中正常运行和适应。

（3）自动纠正和解决基础设施运行中容易出现的错误和问题（Buest，2017）。

6. 自动化库：自动化库跟踪所有正在开发的自动化产品，以及产品的功能、调试数据、生命周期、集成、治理问题、质量问题和管理产品生命周期所需的所有其他元数据。自动化库可以形象化地理解为智能产品的身份证和健康记录。

7. 数据发现和流程发现：数据通常广泛分布在集团内的公司、文件和 App 中，这些说明了发现数据和制作数据图谱的重要性。为了知道公司已有的数据，以及将这些数据用于定义各种特征，需要探索公司所有数据之间的关系。关联公司通常产生于并购，识别这种关联关系是有难度的。对此，可以通过数据发现工具的帮助来识别数据。另外，流程发现则是指了解企业的各个流程，让数据为发现公司流程提供线索。流程发现工具可以分析事务性数据和元数据，并对流程的优化提出建议。对自动化来说，数据发现工具和流程发现工具是很关键的。

8. 机器人流程自动化和聊天机器人。机器人流程自动化技术应用于重复的流程，即简单功能的自动化，如发票处理、规则明确的小应用程序、屏幕抓取和数据输入。聊天机器人主要是让机器提供客户服务。

9. 服务和微服务功能：修改企业资源计划系统是有成本的，当公司意识到这一点的时候，就会考虑使用服务和微服务功能。简而言之，微服务是对企业资源计划系统的镜像，但是相应的功能在微服务环境下会更灵活，维护成本也会更低，并且能够随着业务模式的变化而更改。

10. 云端：现在，很多公司都会选择将数据保存在云端，出现了私有云、公共云和混合云。部署人工智能获取数据的能力是一项重要任务。但是，在云端移动数据是有难度的，因此，部署模型的时候就需要有良好的规划和执行。

11. 集成和网络：对于 IT 基础设施，人工智能有集成和关键通道的新需求。例如，数据预处理需求对应的数据传输，需要将数据导入算法。那么，高性能的网络对人工智能就有重要意义，即相关网络应当具备高带宽、低延迟的特点。

12. 安全和隐私：虽然几十年来，传统 IT 也在一直强调数据安全和隐私保护，但在人工智能时代，需要有更高层次的数据安全和隐私保护要求。

13. 治理：人工智能治理是一个全新的领域，但是，对于任何企业来说，人工智能治理都是人工智能部署不可忽视的环节。

14. 生产环境的开发：在业务/职能和投资系统的完成测试后，就需要着手生产环境的最后开发（编码），实现速度加快、环境协调、与企业标准兼容。

除此之外，重视研究还意味着，需要有专门的团队分析各个领域、行业的最新学术动态，然后根据公司的职能进行编排整理和分类分析。这个要求对于传统的投资和资产管理公司来说，需要创建新的团队。

一、参考架构

企业开发人工智能的参考架构如图 7.1 所示。

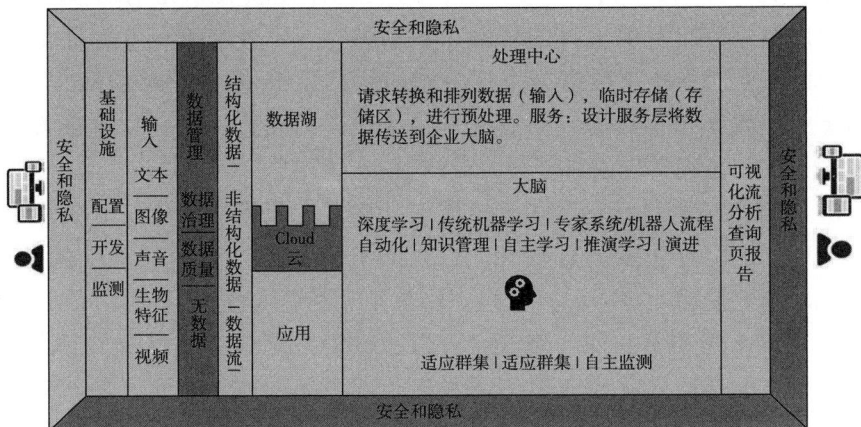

图 7.1　参考架构

1. 数据接口：数据接口将各种类型的数据导入公司，来源可以是文本、图像、视频、GPS 或其他任何形式。

2. 数据治理：数据治理层对数据进行标记，保证数据质量，实现数据治理和管理。数据治理包括管理元数据和主数据，按类型、功能和使用对数据进行分类。数据的使用方式也侧面体现了数据创造价值的过程。

3. 金融数据管理：通过管理量化金融数据提到金融数据方面的能力。

4. 数据湖、私有云、公共云或混合云：数据湖和云端是数据存储的地方。云可以是私有的、公共的或混合的。

5. 应用程序：应用程序包括所有的企业资源计划、客户关系管理和其他系统，以及部署在生产过程中的人工智能产品。

6. 预处理：预处理需要人工参与，技术革新也在推动数据预处理往自动化方向发展。参考架构中预处理板块包括：请求转换和排列数据（输入），临时存储（存储区），进行预处理。

7. 服务：服务层的设计目的是将数据传送到企业大脑。①

---

① 企业大脑，是基于人工智能、大数据等新 IT 技术的融合而构建的企业智能化开放创新平台，辅助智能决策和业务自动化，驱动业务系统的智能化升级，实现企业的个性化、定制化、精细化的生产和服务。全国人大代表、浪潮集团董事长兼 CEO 孙丕恕 2018 年全国两会期间在国内首次提出了这个概念。

8. 企业大脑：企业大脑当中的智能应用程序公开运行，通常相互关联，独立或合作运作以实现目标。企业大脑具体由以下内容组成：

（1）深度学习神经网络：先进的现代神经网络。

（2）传统的机器学习：统计学习和传统机器学习。

（3）专家系统和机器人流程自动化：规则系统对许多应用程序都很有价值，推理能力一般高于机器学习系统。

（4）知识管理：包含知识本身和数据字典。

（5）自主学习：自主学习评价各个产品，通过强化学习等方法进行学习。自主学习需要建立元学习层（由元反馈循环启动）。为分析系统自身的行为而将算法抽象出来，就会出现"自我意识"，系统可以在此基础上提高学习能力，提升对传感器数据的处理或吸收能力，随后调整自己的行为。这种自主调节的方式，可以有效提高产品性能及其治理性能。

（6）进化学习：进化学习通过进化算法来解决问题，并寻找优化方案。虽然进化学习属于传统的机器学习方法，但是进化学习也在不断革新。

（7）推演学习：对于就某一问题开发出的解决方案的配置，在添加元数据后，将其用于解决类似的问题。

9. 元认知：元认知是指系统为研究、学习和适应整个系统集合动态设计的元素。元认知可以用于职能和智能，因为元认知可以展现各个智能产品的集合动态，包括五类系统：

（1）群集智能：人工智能群集智能，可以将各个人工智能产品组合起来（Aydin 和 Fellows，2017、2018）。相较于个体，群集体现的智能更为优化。群集智能是一种智能系统，可以适应环境的变化，并响应来自各系统的反馈，类似于鸟形成的鸟群。这些产品会动态地调整行为。系统可以根据需求灵活命令、关闭、更改或重新排列产品组件参数。

（2）自适应人工智能：前面提到，机器学习涉及训练数据和测试数据，这些数据的分布可以在一定程度上代表现实。数据的分布、质量和数量是选择学习算法的重要影响因素。但是，算法如果在生命周期的某个时间点完成部署后，跟踪到了新的数据，说明现实的数据分布发生了变化，或者需要识别或使用新的特征，这就意味着算法可能不再有效。另一方面，竞争对手针对新的现实开发的解决方案会更具竞争力。算法高度依赖数据的质量、数量和分布，我们不一定知道现有的算法需要更新，对此，可以让机器学习来监测现实情况，确定算法何时需要根据现实进行优化，根据现实条件，选择一个新的算法或更新现有的算法。这种自适应的人工智能是适应变化环境的核心。自适应系统是一个很前沿的研究领域（Farhi 等，2014；Quin 等，2019；Jamshidi 等，2019）。

（3）自适应群集智能：自适应群集智能可以让不同算法协同工作，形成协调智能意识，能够将多样、不协调的群集行为引入集中、定向的行为中。这意味着，自适应群集智能下的产品既能单独工作，也能协同工作。

（4）安全和隐私：安全和隐私层需要确保智能和非智能的系统和数据的隐私和安全，涵盖与人工智能相关的内容。

（5）对外层：对外层提供可视化、流分析，衔接外部系统的请求。

二、参考架构和硬件

图 7.1 的参考架构是为大型人工智能公司设计的。当然，扩大规模是大部分资产管理公司的目标。对于以交易为中心的公司来说，硬件是最重要的资产之一，要在公司部署机器学习，硬件是一个关键的考虑因素，因为硬件关系到计算性能（Duarte 等，2020）。在计算能力上，除了传统 CPU 服务器技术有进步之外，GPU 技术也有了最新的发展，GPU 代表着量子计算的未来。与经典算法相比，量子算法的性能有了实质性的改进（加速）（Orus 等，2019）。当然，无论规模大小，一家公司都必须持续评估自己的硬件选择。

第八章　表现评价

沃尔玛、亚马逊、特斯拉这些公司已经开始探索跨业经营。在这个大背景下，不少大型公司已经开始涉足投资和资产管理行业。行业的融合也意味着，业务战略中和技术战略不再是两个独立的领域，而是集成、相互依存和统一的。对此，需要从两方面来评估人工智能业务战略的表现：一是总战略是否成功有效？二是战略是否通过实施人工智能项目、构建机器学习，得到了成功的部署？前者指向制定战略的能力，后者指向战略的执行和实施。

本书前面的章节提到，业务战略和人工智能可以相互联系。战略的设计和数据实践可以共同增强公司在人工智能方面的能力。实现数据的有效管理，可以同时提升人工智能产品的开发效率和表现。卓越的战略设计，可以通过自动化和洞察现实来为公司创造价值。在公司获得并控制数据后，可以着手建模，并在建模的过程中，意识到所要处理的海量学习模型和学习方法。在了解机器学习的三种方法，并完成模型开发后，需要进一步检查模型是否能在现实中运行。

对于投资和资产管理，开发模型和让模型在现实中运行是不同的。完成部署意味着模型已经通过测试，下一步就是着手准备模型的实际运行，此时我们就会意识到开发出的模型的脆弱性。很有可能出现的问题是，开发出的模型并没有比底层数据有更高的价值，可能还会出现性能的恶化，甚至可能在其生命周期内就失效了。但是，人工智能自动化是以实现业务目标为宗旨的，对此，需要为模型建立表现评估系统，将模型表现从业务和技术层面进行评估。在最高层次上，可以通过如下两个因素作为表现评估要素：一是战略在帮助公司实现业务目标，二是人工智能的开发和实施在帮助公司实现业务目标。

需要注意的是，本章中所表现评估指向的是本书第二章所述的公司战略以及本书第三章至第八章所述的以数据为中心的工作流程。投资组合的表现报告将在本书第十五章中作为 GIPS 的一部分进行介绍。

一、谁来负责表现评估？

传统公司并没有这样的评估团队，团队的领导需要能够直接向 CEO 汇报，同时能与董事会存在间接的报告关系。表现评价团队的成员背景应该是多样化的，工作人员的背景能够涵盖业务、投资和数据科学等背景的。

分管表现评估的高级管理人员要将评估纳入综合战略评估，进而评估公司总体的表现，同时还要审查和整合职能战略的组成部分。

二、表现评估的流程

在业务方面，要评价表现评估的目标能否确保实现业务目标，能否实现各个自动化项目的投资回报。表现评估的工作流程如下：

1. 审查和整合战略设计阶段的工作内容。如果公司认为表现评价团队同时负责综合战略审查和战略评估工作存在利益冲突，可以将初始审查的职能分配给战略设计团队。

2. 与 CFO 办公室合作，评估市场营销、销售等商业职能（等）的表现，包括企业社会责任的表现。

3. 评估投资策略的长期表现。

4. 帮助确定量化策略的投资分配。

5. 建立各种表现评估指标。

6. 持续跟踪计算所有已部署项目的投资回报。

在人工智能端，表现评价团队从如下五个维度进行评估和报告：

1. 生产力：机器学习开发人工智能产品的效率，可以简单看作多少个 SADAL 得到了实施。还可以从在既定时间内完成自动化目标的进度评估生产力，进度可以是已完成的项目总数与 SADAL 确定的项目总数的比。

2. 有效性：有效性指向所开发的产品是否符合设定的目标，可以评估产品的表现，可以使用偏差、方差和过度拟合等度量方法来进一步测试评估的结果，确定是否实现了业务目标。对有效性的评估有两个角度：一是产品的表现；二是产品的表现符合业务目标。

3. 协同能力：表现评价团队还会评估解决方案的实施是否实现了协同工作自动化。换言之，表现评价团队不会孤立地去看待每个产品，会评估不同产品在整个工作链中的工作方式，协同性评估的方式包括检查为完成工作开展的机器间协同情况和人机协同情况。

4. 适应能力：表现评价团队还需要判断开发出的解决方案和系统应对环境（数据分布）变化的能力，即适应能力。

5. 自我意识：表现评价团队还需要评估协同工作系统网络的元认知[①]。评估的方式通常是通过关闭或减少一组系统的功能观察工作链的相应变化，同时尝试用一些外部刺激调用和调试其他系统。

除上述内容外，表现评价团队还需要：

1. 验证投资策略的表现。验证有助于评估投资策略的实施的优先次序，对于验证工作，表现评价团队需要与评估团队、部署团队合作，确定如何适用评估策略设定的标准。在投资组合经理或投资团队领导的监督下，表现评价团队、评估团队、部署团队共同完成测试工作。首先可以用虚拟资金来进行测试，如果测试成功，就可以考虑在现实中投放相应的资金。

2. 需要为"设计⇒数据⇒模型开发⇒评估"工作和切换建立流程、最佳实践、工作协议。

3. 评价公司治理和公司企业社会责任标准的表现。

4. 评价人工智能治理的表现。

5. 向董事会和 CEO 报告表现评价整体情况。

本书之前有讨论，我们的目标是为大型企业建设机器学习的流程线和工作配置，通过自动化和现实洞察（智能化）推动业务发展。

三、业务表现

根据第三章（战略设计）的内容，业务战略要符合业务目标。考虑到可行性，需要将大目标划分为多个小目标，对每个小目标进行工作自动化和工作智能化的分析。自动化旨在提高工作效率，智能化旨在更"聪明"地工作。

显然，业务方向的表现评价与业务绩效是否实现预设目标紧密相关。对在价值链各个环节，乃至整个公司，都要实施表现评价的监测。对表现的监测意味着，我们要意识到是否处于正确的方向，是否在实现预先设计

---

① 元认知，又称反省认知、监控认知、超认知、反审认知等，是指人对自己的认知过程的认知。学习者可以通过元认知来了解、检验、评估和调整自己的认知活动。一般认为，元认知可以由元认知知识、元认知体验和元认知监控三部分组成。

的战略。由于本书介绍的背景是业务在经历重大的变革，那么本书提出的应对措施也有浓厚的转型意味。

本书将表现管理划分为六个领域，分别是：战略表现、投资表现、职能/业务表现、企业社会责任、公司治理表现和技术投资回报。对于一家以人工智能为中心的投资和资产管理公司，本书将介绍一套全面的评价系统，跟踪不同的能力表现领域。下面是对六个能力表现领域的详细介绍：

1. 战略表现：在评价战略的表现上，可以评价与公司竞争优势相关的因素，方式包括告知当前的行业竞争动态、公司应对转型的准备程度、公司商业模式的表现和战略方向。这些评价方式可以帮助了解公司的商业模式是否在当前环境下依然能为公司创造竞争优势。根据第三章的内容，商业模式体现了资源部署的方式，以及利用资源创造价值的方式。资产管理规模、零售和机构客户的数量、利基客户市场和品牌效益等都适用这个评价模式。此外，依托机器学习的策略自动分析工具也可以帮助评价战略的表现。

2. 职能/业务表现：这是指评价各个部门的表现和支持职能，不包括投资管理职能，可以根据各个部门设定的目标来参考评价。被评价的职能部门可以是内审部门、市场营销部门、销售部门、采购部门或合规部门。

3. 投资表现：对投资和资产管理业务表现的评价，在行业内的 GIPS 的评价标准。落实人工智能技术期望应是提高投资业绩。

4. 企业社会责任：评价公司在履行企业社会责任方面的表现，开发相应的指标显示公司企业社会责任相关项目取得的进展或效果。

5. 公司治理/监管合规：评价公司在治理和监管合规方面取得的进步。

6. 价值/投资回报：对应用人工智能技术的投资回报进行总体性的评价。进行这一评价背后的逻辑是，对人工智能的投资应能带来合理的投资回报。对投资回报的评价既要考虑项目的效益，也要考虑对公司层面的作用。同其他领域一样，对价值/投资回报的评价也可以通过机器人流程自动化或机器学习实现。

四、技术表现

对技术表现的评价观察的是新经济技术转型相关的因素，侧重考虑科学和人工智能在投资和资产管理业务各个领域的应用。

（一）自动化表现

自动化表现的评价因素包括：

1. 开发自动化工作流程的数量。本书之前提到，可以按执行、思考、创造环节的自动化来划分工作流程。如果创造环节过于复杂难以评价，可以暂且搁置，但由于创造已经包含在 DCT 分析中，如果跳过对创造环节的评价，评价分数会比实际偏高。非自动化成分会导致分数的降低，每个项目和整体层面的自动化比率也是表现评价的重要考虑因素。

2. 优先级 SADAL 数据的可用性。这个指标是在评价数据工作的表现，评估数据对开发 SADAL 的有用性，考虑数据的质量以及与目标的相符程度。

3. 人工智能产品的开发数量。人工智能产品的开发体现在建模方面，这是在评价建模团队的工作效率。

4. 人工智能产品的评估完成数量：通过评估完成数量来评价评估团队的工作表现，但是这种单纯通过完成数量来评价的方式，会起到不良的激励作用，导致评估团队为了实现数量而忽视治理，导致通过一些不成熟的投资策略。

5. 人工智能产品的部署数量：评价相关的 IT 基础设施、人工智能部署和支持的速度、质量、效率和状态，还需要考虑网络安全、安全和隐私等因素。

（二）洞察能力

战略洞察，可以看作在生成预测性的描述性信息或规范性信息，目标是改进决策、行动和绩效。例如，智能推荐可以通过预测客户的潜在捆绑购买选择来促进销售，提高绩效。据估计，智能推荐也可以帮助客户做出更好的决定。

到这里，我们再回顾一下 SADAL 框架（见表 8.1）。SADAL 单个产品的工作流程，这些产品既可以是"执行⇒思考⇒创造"模式的产品，也可以没有任何学习特征。每个 SADAL 都涉及项目，与工作任务的自动化紧密相关。

表 8.1　SADAL 框架

SADAL				
使用产品审查、销售数据、公司新闻评论、产品和服务信息进行销售预测				
感知	分析	决策	行动	学习
产品审查信息、市场份额信息、公司的新闻评论、产品的新闻评论	使用来自社会媒体数据和内部销售数据；清理和预处理数据组	预测销售	通知信息变化	学会自动和持续地处理
学习				
建议使用哪些数据？		产品如何创造价值？如何衡量产品所创造的价值的多少？		
社媒、客户关系管理、客户交流		做出更好的销售预测（价值产生于更好的规划能力） 降低与销售预测人员的需求（通过降低成本来创造价值）		

（三）生产力

生产力表现的评价因素是机器学习团队用 SADAL 将输入转换为能够工作的产品的能力。典型的生产力评价标准包括：

1. SADAL 的落地数量；

2. SADAL 已完成但未落地（完成设计、建模和评估）的数量；

3. SADAL 完成数量与分配总量的比率，即完成率。

（四）有效性

有效性的评价考量的是开发出的产品是否实现了预设目标。可以从两个方面来评价有效性，一是产品是否按照预设目标执行，二是产品的表现最优。前者是技术评价，评价产品是否按照 SADAL 的预期执行，后者的评价方式稍微有些复杂，需要评价产品的表现在所建立的域中是否最优。

需要注意，以下四种情况会影响有效性：（1）问题域的基本分布发生了变化；（2）识别到更有利于解决问题的新数据元素或新特征；（3）新的研究表明可能有的更匹配的算法；（4）发现更优的流程，如更优的硬件或基础设施。

当面对一个快速变化的行业或者学科时，对这个行业或学科要素的表现评价不应该是静态、一成不变的。当评价公司的竞争优势时，既要关注自身的表现，还要比较竞争对手的表现，双方当前技术可以实现的东西也要进行对比。

（五）协同能力

表现评价团队还需要评估解决方案的实施，是否实现了工作系统的自动化，衡量工作链各个环节中机器的表现。工作链既有人工环节，也有机器工作的环节，即人类和机器在共同形成创造价值的工作链，工作链也是动态、不断优化的。人工智能不仅带来了自动化，还带来了智能化，这意味着，人工智能将促进人类的进步，让人类变得更聪明，提升人类的洞察能力。随着智能化的发展，工作链将不断创新和重塑。由于工作链的动态性，表现评价团队需要持续跟踪。

（六）适应能力

表现评估团队还要评价解决方案和系统对环境（数据分布）变化的适应能力。有效性评价通过控制底层分布、新特征、算法和硬件的变化情况来评价产品的持续匹配能力和有用性。适应能力评价关注的是解决方案集在应对变化时进行优化调整以适应变化的能力。Jamshidi 等（2019）研究了量化规划中的自适应，研究假设，机器在运行时可以实现自适应。例如，如果一开始使用算法 A 对数据进行分类，来实施系统监控，但如果随后系统观察到算法 B 可以获得更好的结果，那么系统就是将算法 A 切换为算法 B，能做到这一点的系统意味着有很强的适应能力，即能做到自适应。

（七）自我意识

工作的协同也需要用到元认知。打个比方，如果我们要完成一项煮咖啡的任务，需要通过不同功能的组合来完成：走向咖啡机（需要腿来行走）⇒提起咖啡壶（用到右手）⇒端起杯子（用到左手）⇒……。某个部件在完成任务后，需要将工作传递给另一个部件。煮完咖啡后，手就会把工作传到腿上，发出回到办公桌的指令。在这个过程中，机器通过关闭、启动某个系统或减少某个系统的作用，根据工作任务的不同阶段调用、切换不同功能系统来完成工作，就是机器的自我意识或元认知。

在设计智能产品时，就更需要认识到元认知的作用。例如，在交易过程中，对风险的感知能力，可以通过指导实施适应性行为来适应市场的变化。

同时开展对业务表现和人工智能（技术）表现的评价，可以帮助公司更好地了解公司的能力。对于评价结果，评价团队需要定期向董事会和CEO报告，结果需要用于评价公司未来的潜力。

第九章　业务循环

本书的前半部分介绍了公司如何引入人工智能。当公司具有人工智能思维的时候，公司的业务也会发生战略性的转变。人工智能思维既有实操影响，也有战略意义，引导公司管理层以一种新的角度看待业务。从战略层面出发，人工智能可以提高公司的战略潜力、灵活性、创新、市场份额和盈利能力，来帮助公司获得成功，通过更好地协调整个公司的工作来降低成本；可以进行创新并推出新产品；可以提升营销和销售的有效性；可以深层次应对和管理市场或行业的变化；可以增强员工的集体意识；可以帮助雇用合适的人才，更有效地管理人才；可以帮助避免工作错误和监管处罚；可以提高预判能力。随着公司的不同智能以协调的智能方式工作，公司的整体表现也将不断提高。

当然，要在上述智能领域实现目标，公司的运营也需要变革转型，相关领域包括战略设计、数据、模型开发、评估、部署和表现评价，这些是本书前半部分讲解的内容。本书的后半部分将讲解公司的价值链和战略转型，以及公司智能模型的开发。

一、以人工智能为中心的投资和资产管理公司

本章首先介绍一个"飞轮效应"①的概念，这个概念出自亚马逊，并为亚马逊带来了奇迹般的成功。可以从以下五个方面来启动飞轮：（1）决定建设以人工智能为中心的公司，并围绕机器学习和人工智能重构公司；（2）将人工智能嵌入产品开发和经销的操作平台中；（3）在公司价值链中部署人工智能，并以系统的方式实现；（4）共享和推广跨团队开发的创新，或者作为产品向客户交付；（5）雇用合适的人工智能人才。

那么，既然有飞轮这个概念，为什么那么多行业的那么多公司都在努力和坚持，为什么没有得到飞轮的效果？为什么有些公司的高管和经理即

---

① 飞轮效应指为了使静止的飞轮转动起来，一开始必须使很大的力气，一圈一圈反复地推，每转一圈都很费力，但是每一圈的努力都不会白费，飞轮会转动得越来越快。

使坚持了，最终还是失败了？原因在于，公司没有考虑到竞争优势的存在。在当前这个快节奏的时代，竞争充斥于市场的任何一个角落，但是很多投资和资产管理公司没有去探索将人工智能目标与公司战略结合的方式，而是将二者作为孤立的领域，用一个个零散、孤立的项目来填补各自的领域。

孤立的创新不能完成现代化的转型，反而成了公司负担，迟早会给公司带来损失。如果用零碎的项目启动机器学习，产生的问题会比解决的问题更多。实践中，企业开始发现，75%～85%的人工智能项目并不能吸引管理层，不能给管理层留下深刻的印象（Nimdzi，2019）。这并不是人工智能项目有问题，而是因为公司将人工智能当作一个个项目来完成。简言之，人工智能并不是项目，而是一种新的工作方式，是一种战略变革，是业务经营方式的革新。

要完成投资和资产管理公司的现代化转型，需要系统性的计划。首先要让公司有科学导向的定位，并将科学导向作为资产管理业务竞争优势的重要来源。而在当前环境下，成为一家以科学为导向的公司的主要方式就是发展人工智能。那么，如何为投资和资产管理公司建立起"飞轮"呢？要如何做规划？公司完成转型后的状态是怎样的？

本书接下来的章节会介绍如何围绕人工智能建立公司，对此，不仅要有新的思维，还要将业绩与人工智能转型相挂钩。在人工智能世界，一端是研究员、数学家代表的"硬"技术，另一端是商科生代表的"软"技术，两端需要有沟通的桥梁，创新和转型需要二者力量的结合。

如何搭建这座沟通的桥梁？首先，要保证战略实现路径的灵活性，保证战略不断地跟踪和考虑市场的创新和变化，战略执行的构思也要能够根据外界的变化而调整。不过，在此之前，还要关注两个问题：第一，了解IT团队目前参与的所有认知自动化和数字自动化项目处于什么状态，确定目前是否在围绕人工智能建立公司；第二，了解为什么要围绕人工智能来建立公司。

二、数字化方面的一些错误看法

由于一些误导，不少人会误认为自己的公司已经在走向数字化和智能化。但实际上，真正能理解如何才能实现认知的变化的人还是少数。互联网萌芽时，许多公司也有类似的问题。可以回想一下，当电子商务兴起时，传统零售是怎样的状态。当时，包括凯马特、西尔斯、梅西百货、诺德斯特龙、玩具反斗城在内的众多大型零售商，都启动了数字化转型项目，并聘请了领先的咨询公司提供咨询意见。残酷的现实是，尽管这些公司完成了业务上的数字化转型，但是市场份额仍然遭受了来自亚马逊的巨大冲击，并一直持续到现在。但是沃尔玛是一个例外，其不仅抵抗了亚马逊的进攻，而且还形成了一股新的力量。

我们从中可以看到，仅仅实现数字化是不够的。好比这仅仅是达到了俱乐部的门槛，还不能称为资深玩家。俱乐部会有内部排名，而且只对重要的玩家进行排名，只有少数玩家能成为最后的赢家。西尔斯、通用电气、玩具反斗城是美国闻名的大企业，这些企业都认为自己拥有先进的技术水平，能推动大的技术项目。但相互脱节的创新孤岛并不能实现创新变革，协调的战略是非常重要的。

还有一个经验是，部分传统公司确实成功实现了转型，站在了技术的前沿，沃尔玛就是一个很好的例子。在资产管理市场行业，智能投顾平台Wealthify 这类公司会选择与传统咨询公司合作，也有 Nutmeg 和 Betterment 这样的公司，会选择在机器人顾问中加入人工顾问，存在合作需求。Wealthify 可以一直与其他公司合作，直到这种合作关系不能再为 Wealthify 提供帮助。但是如果这种合作关系向所有公司开放，那合作方的优势在哪里？如果仅向少数公司开放，那如何保证自己能成为那少数的合作方？这就有点进退两难了。更糟的情况是，如果这些机器人咨询公司被收购了①，而收购方选择取消合作关系，甚至有的时候收购者是竞争对手。需要如何应对这些情况？

Nutmeg 这样的公司会选择增加人工顾问，挑战了传统公司的业务和人际资源。这些公司可能会从传统公司里挖一些人才，综合分析技术和人际资源优势，客户群由年轻代客户和小客户，逐步扩大到中端市场和大客户。科技不仅局限于年轻代，科技可以为所有年龄段的人创造价值。

随着人工智能经济的不断发展，沃尔玛和亚马逊的经验值得效仿，即围绕人工智能建立公司，实现公司的现代化转型。在这个过程中，需要发展公司各方面的能力，因为在这个转型过程中，不能只依靠外包或者现有的技术。

一位不知名的作家曾经说过，生活有三个阶段：你相信圣诞老人，你不相信圣诞老人，你就是圣诞老人。金融科技也适用这三个阶段。几年

---

① 2020 年 6 月 5 日，总部位于英国卡迪夫的智能投顾平台 Wealthify 宣布被金融服务巨头 Aviva 收购。

前，金融科技吸引着全世界的研究，IPO、"行为算法"融资、P2P融资，金融科技似乎是一种高大上的存在。甚至不少人预测，传统商业的路已经走到了尽头。而现实情况是，OnDeck和Lending Club等金融科技公司的股票一路下跌。突然间，金融科技不再被认为是奇迹般的成功了。

金融危机带来了短暂的和平，因为传统公司和科技公司都撤退到了自己的舒适区。传统公司意识到自己在创新文化、技术水平和创新精神上的欠缺，新兴的科技公司意识到自己在资金、稳定性、客户资源方面尚不及传统公司。但科技公司和传统公司的竞争将一直持续，在所谓的第三阶段，科技公司将突破先前在规模上的掣肘。而原先处于学习和观望状态的科技巨头很可能将"为客户创造新价值"作为卖点进入市场，导致"金融脱媒"。对于这些潜在的挑战，传统公司暂时还没有很好的应对措施。

三、为什么要围绕人工智能建立公司？

不少期刊、报纸都有人工智能的研究文章。最近，亚利桑那州在美国首先试点了监管沙盒制度，为金融科技公司提供创新便利。在监管沙盒制度之下，创新企业可以首先获得针对有限市场和有限客户的经营许可。监管沙盒制度为金融科技公司提供试验的空间，有助于推动创新。这背后也是需求推动的，既然客户现在希望手机和汽车能有智能操作，我们理解，也会希望投资和资产管理公司能够为自己提供智能的投资和资产管理服务。

随着时代的发展，客户的偏好也在改变，首先发生改变的是千禧一代和Z世代（为了表述方便，以下合称新生代客户），然后再到其他的群体。另外，财富也在向更年轻、更精通技术的一代转移。世代财富转移的金额将在30万亿美元左右。

新生代客户除了更精通技术之外，也亲身经历了金融危机带来的经济衰退，或者即使当时是学生，也很可能听到父母和祖父母谈论失去毕生积蓄的痛苦，或者读到关于华尔街的贪婪。新生代客户注重效率和成本控制，更偏好资源利用最优的解决方案，比如Airbnb、优步、Lyft。

新生代客户对"专业知识"也有新的看法，他们可以通过互联网快速获取大量的信息，通过DIY课程和视频完成自学，他们认为自己可以通过互联网学习和完成任何事情。那么，既然可以通过公共平台获取专业知识，为什么还要通过付钱的方式让第三方提供意见呢？这些方面让新生代客户希望能对自己可以影响的结果寻求更大的控制，而不是简单地相信专家的意见，更多依赖自己的研究和网络检索判断。当然，这是不是盲目自信是另一方面问题。

不过，这种想法不仅新生代客户有，年龄稍长的高净值和超高净值客户也偏好自己对结果的控制力、灵活性和透明度，希望自己作为客户能够参与沟通，自己的意见得到尊重和考虑，希望有更卓越的客户服务。机构投资者则更是如此，机构投资者相关内容将在本书第十二章介绍。

新冠肺炎疫情对社会产生了重大影响，许多人认为，疫情前的商业风格将不复存在，线上工作将成为主流。这意味着，传统的以现场会议为中心的关系管理可能会转为以线上沟通为中心。但无论是现场会议还是线上会议，与高净值个人和机构客户的传统关系管理需要更进一步，公司需要证明自己的战略和对客户需求的理解能力，要优于市场上的其他竞争对手。

哪怕工作中的一个小失误，都会让客户考虑是否选择市场上的其他公司。显然，为了获得新生代客户的认可，以及基于维护客户关系的需要，公司必须选择创新。从定位的角度来看，公司需要证明自己对问题有全方位的了解，且所掌握的知识不是简单通过网络检索就能获取的。

这说明，公司发表的意见相较于竞争对手，更具专业性和独见性。此外，公司还需要控制运行成本，以较低的成本为客户提供优质的服务，建立客户对自己的信任，并为客户的业务管理和监管合规工作提供有效指导。

四、提升公司能力，减少外部依赖

对于投资和资产管理公司而言，需要从哪些方面构筑竞争优势？人际关系、战略研究能力、投资研究能力、对客户及其目标的理解能力，都会影响到投资和资产管理公司的竞争优势。竞争优势来自公司能够以更好的效果和更高的效率完成上述任务。

在当前环境下，自动化的实现是公司战略转型的关键，而智能正在成为竞争优势的新来源。但是，科技公司通过自动化现有工作流程以维持竞争优势的同时，还需要应对巨头们跨业经营（进入资管领域）的冲击。这些巨头在跨业经营上具有极大的规模优势，对新兴的科技公司形成巨大的竞争压力。

在依靠技术和不断创新的商业环境中，不可能简单地配置一些技术方案，甚至通过合作（外包），来建立竞争优势。原因是，机器学习自动化体现了数据、数据流程和算法的功能，数据和算法作为公司的专有技术资产，共享给合作方的概率很低。通过第三方配置的软件和点的解决方案无法保障机器学习的竞争优势。合作伙伴既然会为你提供技术支持，也可以为其他公司提供支持。算法应当是专有的，技术的机密性是实现竞争优势的关键。

总而言之，发展人工智能需要公司亲自着手，这是由数据和算法的技术性质决定的，需要公司有一定的创造力和技术能力。

五、什么是资产科学？

带领公司走向现代化，需要做到科学。为此，公司的管理方式需要从软管理转变为科学管理。软管理涵盖人的本能、情感和理性，但忽视了人的偏见因素。而科学管理追求理性但不局限在理性，而是创造更高级的意识。科学管理承认人的本能、情感和理性，也理解人的偏见和偏见的来源，帮助决策者更好地认识自己和客户。

什么是资产科学？资产科学是通过科学的方法帮助客户实现投资目的。资产科学不是教条式的，也不受限于金融学的理论，更多的是依据客户需求和市场变化，以生成自下而上的方式，去形成自己的理论和经验。

资产科学不仅仅针对公司的投资管理业务，而是公司的所有领域，包括销售和业务开发这些职能部门，旨在为跨价值链构建相互关联、相互依赖的战略框架提供动力支持。2014 年，Statman 在他的书《投资者真正想要什么》和一次演讲中总结了资产科学的三大经验（Statman，2014、2015）：第一，了解自己、了解你的客户以及客户的需求、目标、认知错误和情绪；第二，了解科学，向客户传授科学知识、金融市场知识以及行为科学知识；第三，诊断客户的财务状况，就像医生一样，询问、倾听、共情、教育、开处方和治疗。

Statman 还为推动资产科学提供了理论基础。Statman 认为，只有科学可以让人意识到自己的认知错误和误导性情绪，科学为人类提供了纠正这些错误的工具，并赋予逻辑和经验证据。Statman 还认为，科学知识是将投资者区分为专业投资者和普通个人投资者的重要标准。金融界的主流观点认为，资产管理人就是一名资产科学家，充当有同理心的顾问角色。不过，目前资产管理人在这方面的转型没有取得进展。

第一个原因是，社会科学与自然科学不同，不受自然法则的支配。社会系统是动态、不断变化的，并因此受到影响。实证主义尝试用科学严谨性来"靠近"社会系统，但只能得到一半的实证观察，另一半会被困在哲学的范畴，即现实的社会因素，以及真理的条件性，真理有时间和空间的限制（Burrell 和 Morgan，1979；Morgan，1980；Kuhn，1970）。

第二个原因是，资产管理人成为资产科学家需要特定的工具，这些工具既需要具备纯粹理性和经验，又需要具备对社会构建的理解能力。

在第一项经验中，Statman 提出要了解自己、了解你的客户以及客户的需求、目标、认知错误和情绪。那如何才能具备相应的知识基础呢？如何保证所掌握的知识是正确的？自我认识的形成不是一个简单的过程，不是简单地去获取和接受。既然如此，为什么 Statman 要推荐这么麻烦的任务呢？Statman 给的答案是，目前人类确实已经有能力去完成对自己和他人的"解读"。当前人类生活在数字时代，每一刻都会留下自己和他人的数字足迹。人类已经披上了数字的外衣，对某一对象的了解，只是"想不想"和"要不要"的问题了，因为在数字时代，任何人都可以被数字化地"阅读"。

Statman 强调了坚持科学的意义，因为现在已经不可能通过星象和占卜去了解一个人的性格和行为了。科学是一种值得信任的媒介，以证据为基础建立起其决策的可信赖性。不过，这并不意味着资产管理是非人性化、教条化或机器化的，而是强调商业模式需要严谨的战略思维。本书认为，人工智能的目标是改善公司和客户的行为，帮助客户在情绪理性的环境中获得最大的成功。这也是资产管理人的目标——为客户提供最适合的产品。

人工智能可以实现两类功能：第一，实现工作流程的自动化，减少错误并提高效率，这个功能也可以称为任务自动化，有利于降低工作的成本和风险；第二，技能增强或智能化，这个功能来自更广、更优、更快的了解能力，要实现技能的增强，除了自动化之外，公司还需要提升能力水平，更优、更快地完成任务，增加收入，降低风险和运营成本。

如果将以上两种功能结合起来，就可以为公司和客户带来巨大的投资回报。公式为：人工智能＝任务自动化＋技能自动化。

资产管理实现科学化转型，主要有如下三个步骤：第一，了解资产管理价值链的整体结构；第二，了解价值链中的主要活动领域；第三，针对这些活动领域开发自动化框架，改进这些活动。

高级的资产管理价值链可以看作由两个循环组成的大循环（见图9.1），价值链保持持续的循环状态，因为价值创造是一个永恒、持续的过程。如果公司继续以 20 世纪的部门形式运作，容易忽视现在要做的是流程的自动化。如果以循环的角度来思考，关注点应该是流程的提升，而不是部门。资产管理的价值循环由两个有交互的循环组成，循环上部有保护盾，中间有指挥中心。

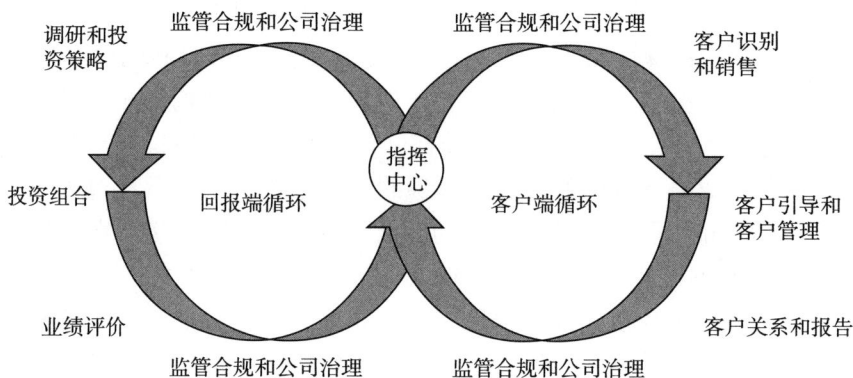

图 9.1　价值创造循环

（一）客户端循环

客户端循环形成于公司通过指导其活动来识别、建立和管理客户关系，即从获取客户到维持客户关系，再到加深客户关系的过程，这个过程需要跨部门的规划和协调，覆盖市场营销、销售、客户服务、客户终身价值、客户体验和渠道管理等流程。

（二）回报端循环

回报端循环形成于通过投资和投资组合管理活动获得投资汇报的活动，回报端循环主要分为三个领域：一是投资研究能力，进行投资调研和投资策略分析；二是资产配置、投资组合管理、调整投资组合、管理账户和交易；三是业绩评价。人工智能可以帮助实现这三个领域的技能自动化。

（三）保护盾

如图 9.1 所示，保护盾围绕着客户端循环和回报端循环。保护盾可以分为四个方面：合规、治理、企业社会责任、网络安全。保护盾保护客户端循环和回报端循环并建立信任。

（四）指挥中心

最后，指挥中心通过集成客户端循环和回报端循环，管理二者的运行状况，持续评价二者的表现。指挥中心的作用是保障两个循环的运行。指挥中心的功能可以体现为公司战略、投资者管理和竞争管理，由各后台办公室和职能支持部门提供支持，由董事会、CEO 和 CEO 办公室领导。

六、正循环

为什么要从客户端循环和回报端循环这个角度来观察公司？可以试想，即使公司有卓越的投资能力，也需要让客户知道、使用、访问，需要让客户对公司的其他服务元素满意，对于机构客户，还需要传达公司的价值主张。另外，如果管理人只关注客户开发，为公司带来客户和资金，但在咨询和投资管理等专业领域无法让客户满意，无法长久地维系客户。

因此，只有两个循环都在运作并保持完整时，才会形成一个正向、健康的循环。任何环节出现问题，循环和公司都会受到影响。两个循环的运作主要可能会出现如下四类问题：

1. 回报端循环崩溃：顾问和投资经理无法提供可接受的回报，会导致公司的业绩下降，回报端循环出现退化并影响客户端循环，客户向竞争对手转移。

2. 客户端循环崩溃：公司忽略客户需求、客户体验和客户服务不到位、未能满足客户期望，或落后于竞争对手，会导致客户端循环的崩溃。

3. 保护盾崩溃：如果公司不能保证监管合规和公司治理符合要求，合规和治理就会出现漏洞，导致公司失去客户和监管机构的信任，进而需要以更高的代价去解决不合规产生的问题。市场上有不少资产管理公司因为违反道德要求、实施欺诈或公司治理有问题而遭遇麻烦。

4. 指挥中心崩溃：如果管理层忽略市场环境的变化，没有根据市场变化调整公司策略，指挥中心就会崩溃。

七、工具组

资产科学实现于从企业的视角来识别价值创造过程。这个过程由各种作业组成，这些作业可以由人和机器来执行。这些作业由基础性任务和技术性任务组成，这些任务具有较大的可变性，需要决策和认知思维，可能包括复杂的物理运动。

本书的第一章介绍了以价值链为中心的投资管理转型系统。纵向能力建设是对战略卓越的追求，通过各个领域的工作优化来实现企业的目标。横向能力建设是运用机器学习，并将公司转变为以科学和研究为中心的公司。

完成横向和纵向的能力建设后，公司既可以部署价值链，追求自动化，还可以成为以科学为中心的组织。销售、市场营销、人力资源、客户体验、运营，这些领域都成了销售科学、市场营销科学、人力资源科学、客户体验科学、运营科学组织，这些将在本书接下来的章节逐一讨论，这些领域关系到投资管理公司的长期持续经营。

八、人工智能不仅仅是工作的自动化

本章讲的是如何转型成为以科学为中心的公司，也是这本书最重要的论点和中心主题之一。但这种转型也需要许多传统的架构和观念，这种改变也将要求公司摆脱旧的模式。通过外包的方式完成人工智能转型只能停留在一些表面功夫，第三方只会不断强调流程的自动化，获得更多的项目。

本章要指出两个关于人工智能的误区。第一，许多人认为人工智能不过是一项技术，未在公司战略层进行考虑；第二，即便了解了人工智能，但更多的心思需要花在向其他方（尤其是管理层）的传达，当前不少人有注意力难以集中的问题，倾向于通过短平快的方式学习，导致顾问倾向于提供简单、容易理解的产品，但这并不是对公司最有利的。

我们需要改变这些固有的错误看法，因此人工智能是一场重大的变革，将改变整个经济的运作方式。我们需要注意这一变化，并对复杂的学习过程做好心理准备。

咨询公司在原先的数字自动化和业务流程更新领域积累了丰富的项目经验，有较强的实操能力。尽管如此，原先数字（经典计算）革命的自动化经验并不适用于人工智能革命。自动化业务流程不能满足智能自动化的要求。典型的业务流程其实忽略了人性因素、人的决策和认知能力，只考虑了不需要太多思考的简单自动化任务。然而，真正的商业动态是由人的理性和感性同时塑造的，理性和感性结合的自动化才是现代的自动化。现在对于这一方面还没有成熟的规则，本书是首个对人工智能转型的较为全面的探索。

需要注意的是，不断回顾 20 世纪 90 年代的业务流程更新经验，其实对人工智能革命没有太大帮助，就好像不能用修马车的工具来修汽车。人工智能不是琐碎、细节的变化，不能在细节层面去套原来的模板。

第十章　客户体验科学

曾经，投资管理业务只要关注投资回报就足够了。但随着激烈的竞争，不少企业已经认识到，要形成强大和可持续的业务模式，还需要关注许多其他领域，其中一项就是客户体验管理。客户体验是公司发展的重要影响因素，对维系现有客户、开发新客户、业务增长和提高公司声誉至关重要。本章集中讨论人工智能对优化客户体验的作用。

一、客户体验

在最高层次上，可以将客户体验视为现有或潜在客户与公司互动时的体验。优化客户体验的方式之一是研究这些互动的所有接触环节，尝试优化每个互动的体验。例如，如果亲自会见客户，调整办公室的位置、室内装饰、风格、接待区、餐厅等物理体验。此外，如何安排预约、进行随访、专业精神和许多其他无形的因素也会影响客户的体验。以数字化为例，客户体验的载体是网站或线上软件。不过，虽然探索并响应接触环节是优化客户体验方法之一，但是战略性的客户体验优化，还需要对特定流程进行优化。

Beyond Philosophy 的首席执行官 ColinShaw 指出了客户体验的七要素（Shaw，2015），这七个要素分别为：

第一，认识到客户决策的感性化和论证决策的理性化；

第二，接受客户非理性的本质和表现；

第三，了解客户的思想与行动可能发生冲突；

第四，了解和预测客户的习惯和行为；

第五，了解客户追求简化的隐藏原因和非预期后果；

第六，接受客户体验中可能出现明显不相关的反而是最重要的；

第七，意识到客户忠诚度的唯一来源是客户的实际体验。

上述七要素主要适用于零售客户，因为机构客户通常具有较强的分析能力、更为理性、看重信息和数据，还有丰富的买方经验。机构客户对首次接触的公司会表现得非常谨慎，并希望对方有较高的透明度。当然，如果要建立优化客户体验的最优框架，就需要考虑客户体验呈现的各个方面。

二、客户关系的价值、强度和持续时间

与客户形成稳定、持久，并能为客户创造价值的关系，可以说是客户体验成功的典范。但是，要持续地做到这一点是很重要且有难度的。有的时候，也需要客户对投资管理公司的策略和业绩有一定的耐心，所以在市场比较动荡的时候，公司的人际关系能力就非常重要了。

为了识别、培养、增强、加深和强化人际关系，公司需要掌握同理心工作方法。具备同理心同时适用于零售客户和机构客户，不存在例外情况。虽然同理心方法可能会因主体而异，但理解人性、形成同理心和认识到客户的人性因素等是共同的主题。

一些片面的观点会认为，人工智能是冷漠的、理性的、不带情感、是机器化的技术，但事实上，人工智能可以作为创造高度同理心的工具。一种比较绝对但又有一定道理的说法是，优化客户体验需要最大化公司的同理心，而同理心的最大化需要依靠人工智能来实现，因为人工智能可以观察、感知和感受到人类感官无法或者很难观察到的方面，这也就是人工智能在优化客户体验方面的价值所在。

具体而言，人工智能主要通过如下步骤来识别客户体验并对客户产生影响：第一，通过机器学习了解客户，这需要对客户有同理心和更深的意识；第二，通过机器学习发现影响客户的最佳方式，让客户了解你的产品、品牌和价值；第三，通过机器学习优化所有接触环节的客户体验。

三、了解客户：对客户体验的同理心

2014 年，我参与了一个客户体验人工智能五层级开发项目，开发具备同理心的市场营销方法。在五层级模式中，对客户的了解有五个层级，包括理解客户的情感需求、物质需求、精神需求、恐惧、担忧、价值观、抱负、愿望、经历、痛苦、期望等。这五个层级分别是：

第一层级：通过一些基础信息了解客户，包括姓名、种族、身体特征（形象）、社会和财务状况、职业、国籍、联系信息和其他相关因素。

第二层级：通过自己的经验了解客户以及客户的需求，这源于自己的工作经验和知识储备，使能够了解客户的感受、需求、关注、抱负等。

第三层级：基本了解客户的需求、感受、情绪状态、关注、抱负等。

第四层级：深刻了解客户的需求、感受、关注、情感等。

第五层级：对客户的了解超越了客户对自己的了解，具备了预测客户期望的能力。需要注意的是，预测是基于客户的情感，而不是我方的情感。

四、资产管理公司同理心的形成步骤

共情能力是公司具备同理心的能力表现，资产管理公司要形成对客户的共情能力，主要有以下三个步骤。

（一）了解公司的资源储备

了解公司的资源这一步骤，不是在了解客户，而是在了解自己，了解的内容包括：第一，公司内部是否有充分的认可、意识、执行支持、组织准备来开发客户体验项目；第二，是否有与客户体验相关的正式流程；第三，是否主动对客户形成更深层次的了解。如果你的公司目前还没有意识到加深客户了解的价值，就会落后于市场。在了解公司内部的过程中，应该测试公司的客户体验项目，评估公司的组织意识和客户文化，并评估已有的同理心技术。

（二）具备共情意识和理解能力

完成自评估后，针对评估出的不足和差距，需要找出缩小差距的方法，即应对措施。可以从三个方面理解客户体验战略：第一，可以从客户身上了解什么；第二，为什么要了解客户；第三，如何实现对客户的了解。

对客户的了解程度取决于公司已经拥有和可以拥有数据的多少，这也可以识别出数据的需求端。但是，可能会存在一些问题，比如公司并没有对应的数据，或者没有识别出哪些供应商可以提供适当的数据。此外，机器学习的能力也会影响公司了解客户的广度和深度。这样看来，了解客户的过程可以看作在完成一幅拼图，当完成拼图时，就可以全面、深刻地了解客户。

完成拼图形成客户图像后，需要将对客户的了解与如何帮助客户联系起来，评估客户图像对公司战略的价值。综合这些措施，公司可以开发出满足客户目标的解决方案/产品，完成客户细分，创新产品和服务，提供个性化的客户体验。

（三）将同理心纳入产品和服务

对客户的深层次了解，可以帮助公司更好地定位、提供建议，以及开发、设计和探索出满足客户需求的产品和服务。有的时候，对客户的了解要超过客户对自己的了解。这样，公司可以凭借产品和服务与客户需求的高度匹配性，形成客户维持和客户开发的强大能力。

五、同理心的自动化

广义的同理心包括能够从客户的角度出发，以及对观察到的客户体验进行反馈的能力。同理心的自动化是指由机器认知客户的基本情况并进行情感反馈。共情的深度、结构和能力对应技术的设计、功能和发展。同理心可以分为认知同理心和情感同理心。认知同理心是指从客户的角度识别客户的情况；情感同理心是指置身于客户所在的环境，站在客户的角度体验客户的情感。

研究表明，同理心本身可能就是偏见的来源。例如，在营销中，管理人通常将自己的偏好作为消费者的偏好，这是出于管理人自我参照的倾向，即管理者直接把自己当作消费者来思考，而不依赖实证研究和市场调研结果。这是因为在判断他人的情绪时，我方会首先假设这个人与自己有相似的观点，但也会不可避免地代入我方的情绪偏见，因此需要收集关于客户情绪状态的数据。不过，虽然不能直接将自己的想法施加给他人，但也不可否认有共通的地方，否则就无法着手对客户的了解。此外，创造力和同理心也有一种微妙的关系，过强的同理心会阻碍创造力的发挥，过少则会阻碍对客户的洞察。因此，需要找到创造力和同理心的平衡点。

因此，我们的第一步是区分认知同理心和情感同理心，第二步是将二者作为不掺杂偏见地了解客户的"输入"，第三步是将二者结合，全面了解客户、客户面临的问题以及客户的目标。为了保持公司的竞争地位，响应客户的需求，资产管理公司需要实现同理心的自动化，帮助销售团队通过自动化了解大量的客户，并保证其同理心的个性化，并准备对客户的反馈。

自动化可以帮助市场营销和人际关系管理实现更合理的同理心。从不同职位来看，销售人员同理心会更强，但仅从销售角度出发的同理心会给业务人员带来压力，而自动化可以实现更合理的同理心，并过滤不重要的琐碎细节。

六、将同理心用于营销

完成同理心的自动化，需要同时了解结构化数据和非结构化数据。如前所述，客户关系管理包括客户的识别、吸引、维持和开发。本章最后从这四个维度出发提供 12 个行动领域，供单独或结合应用：

第一，进行客户细分。对客户的细分不仅要依据标准化的指标，还要参考客户的行为和心理特征，这里的客户同时包括现有和潜在的客户，通过客户细分为客户提供更优的服务，降低信噪比。客户细分可以有力推动创新，但客户细分不是研究客户的行为或价值观，而是通过了解事项对于不同客户的重要程度，并根据重要程度的差异形成客户群体。客户细分会用到神经网络的分类技术。

第二，客户支持。由于客户需要管理人提供投资视角，所以管理人有必要为客户提供实时的新闻、信息更新、分析、市场情报和增值服务。此外，客户的信息需求是面向具体情况、可操作、可用的信息，这也意味着管理人提供的信息应该让客户易于理解，尽量做到无噪声、可靠和相关，而不是给客户转发大量的文章链接。自然语言处理技术可以用于识别相关信息，理解信息的内涵、语境、情感以及所代表的事件。

第三，客户至上。客户至上是对待客户的一项基本要求，主要发生在交易中。客户至上，是要观察和了解客户的需求，而不是引导客户的需求。选择后者是无法了解客户的价值观、想法、目标、抱负、恐惧和偏见的。除此之外，为客户提供全方位的服务，还需要学会全方位地自我反省，做到客户的识别、管理和开发，这也是资产管理业务的核心。研究表明，业绩表现和客户的信任是资产管理这架飞机的两翼，同时具备二者，飞机才能正常启动和飞行。人工智能可以系统地测量和管理客户的满意度和忠诚度。

第四，实现以客户为主导的创新。客户主导的创新有多种形式，包括由客户或者根据客户的需求设计或者调整投资组合，在设计新产品/服务时考虑客户的观点和意见。人工智能可以用于协助开发和共享客户的观点和意见，也可以用于开发激励工具。

第五，预测。回顾一下身边发生的事情，一到五十岁就会收到退休协会的邀请；孩子驾龄到了，保险代理人就会打电话过来；该缴医保的时候，一些本地医院也会过来联系。对于资产管理公司来说，公司需要了解客户家庭成员的基本情况，客户个人的身体健康状况，客户子女的教育信息，或者是客户的移民计划。客户的信息是原始数据，公司需要根据原始数据预测客户可以实施的行为或遭遇的事件，因为人的行为具有可预见性。资产管理公司显然知道客户不会没有目标和背景，只是倾向粗糙地了解客户的相关信息，根据这些粗糙的信息管理客户，为客户建立投资组合。而现在则是要把目前粗糙的模式转变为基于预期和目标的模式，为客户创造价值。在银行业，客户流失是一个颇为头痛的问题，因为开发新客户的成本是维系现有客户的 5 倍。人工智能可以用于预测客户流失的时间和原因，部分银行还用于预测员工的流动。

第六，针对性营销。针对性营销不是去操纵客户，而是更好地理解客户的需求，并动态地为客户提供价值主张和解决方案。跨渠道营销的目标之一就是让公司具备实时跟踪客户需求的能力。推荐算法可以通过排名、背景信息、使用记录等方式做出智能推荐。算法的推荐功能可以充分考虑客户的目标、特征和需求。

第七，通过创新维系客户，扩大机器的应用。永远不要给客户一个离开的理由，因此，要不断地创新，保持在行业中的领先地位。创新的回报很高，而创新的实施者是技术和研究人员，不是外星人，所以要为他们提供良好的工作环境。智能自动化是以负责任的方式将控制交给机器，针对高风险的汽车驾驶活动，可以开发智能驾驶技术，同理，也可以让可信赖的机器分析投资组合。

第八，客户服务系统。每个公司都需要设计精细、全面的客户服务系统，识别和管理客户服务和体验的方方面面。可以为不同渠道分配适当的资源并适当管理和优化，通过协调的系统来优化渠道。客户访问账户、查阅分析报告的渠道应该是多样且完善的，这意味着，客户应当能够轻松地在数字设备和人工服务之间切换，能通过两者的结合运用获得最好的服务。

第九，奖励和激励。通过不同方式学习客户的经验，通过奖励措施把客户同时变为合作伙伴。资产管理业务是管理人与客户相互学习的双向过程，通过对客户的学习形成客户黏性。我曾经就根据某个客户的意见调整投资组合，优化了对其他客户的服务。所以，客户的意见也是重要的数据/信息来源。

第十，教育和指导。资产管理不仅关系财富，还关系客户的财务健康。同理心营销需要纳入财务健康指导、投资者教育等内容。在技术层面，机器需要有教育和指导客户的能力。

第十一，客户团体。人类是社会性生物，形成客户团体是维持客户关系的重要手段。在技术变革的环境下，客户之间可以共同与机器交互，共同探索技术。公司需要具备为客户提供这种环境的能力。

第十二，在公司治理、企业社会责任和监管合规方面与客户合作。可以从客户处学习公司治理、企业社会责任和监管合规的经验。比如，通过与客户的接触，可以直观地学习客户对气候变化、贫困、腐败等问题的立场和看法，可以作为公司完成企业社会责任项目的重要参考。

综上所述，做好客户体验，不仅可以全方位地了解客户，还可以参考、借鉴客户的数据和信息。当前市场的客户竞争主要是以客户体验为基础的，因此，客户体验是一个重要的主题。

第十一章　营销科学

营销是资产管理最重要的内容之一。Sandra Murphy 在其著作《实现资产管理规模》中提到，业绩本身不是差异化竞争的要素，因为业绩是预期内的，比如，汽车公司不能将汽车的移动性作为差异化竞争的要素，因为移动性是汽车的基本功能，是预期内的属性，同理，资产管理不能仅依靠业绩表现构筑差异化竞争优势。而市场营销可以拉动客户对产品和服务的需求，了解客户的需求和期望，找到最佳方式与客户沟通价值主张，吸引客户的兴趣和注意力，进而影响客户的需求。人工智能可以为营销策略的制定和执行提供更有效的途径，改变营销方式。本章将探讨如何通过人工智能改善资产管理的营销工作。

一、谁来负责营销的科学化?

建议由首席营销官负责营销的人工智能转型。营销战略必须与公司战略、客户体验策略、销售策略相适应。营销工作可以为公司创造强大的效益，但是传统的营销方式成本效益比偏低。道富环球投资管理公司（以下简称道富环球）的机构营销总监，在波士顿多米尼加里贝罗的资产管理峰会活动上，发表了题为"无畏女孩：有目标的战略"的开幕主题演讲。

这次演讲提到了曼哈顿金融区的"无畏女孩"青铜雕塑，当时恰逢道富环球设立性别多样性指数基金一周年。"无畏女孩"在著名的"华尔街铜牛"附近，她的意义在于促进对性别平等的认识和体现招募女性领导的重要性。"无畏女孩"是低预算、高成效营销的优秀代表。道富环球认为，性别平等是一个重要主题，在男女同工同酬和女权主义兴起的年代，受到全球关注。人工智能可以在技术层面识别这些重要的主题，了解人们共同的情感和意识，进而采取有效的传播手段。

二、如何将人工智能应用于市场营销

做好市场营销规划，有五个步骤：第一步，开展评估；第二步，了解公司拥有的数据；第三步，制定营销策略；第四步，规划产品组合；第五步，执行。

三、开展评估

投资管理公司的负责人通常从事金融和投资管理业务，营销工作通常并不是这些金融专业人士的强项。虽然公司有营销部门或者开展营销活动，但是营销部门或营销人员的价值很难得到充分的认可。公司营销工作一般会有如下问题：

1. 营销团队需要客观评估公司对客户的了解程度，可能会发现公司并不清楚自己的目标客户，这会导致产品提供和营销方法之间的不匹配。投资经理面向的是机构市场，但对待业务、品牌的态度和沟通的方式，却是零售客户的风格。无论是零售客户还是机构客户，公司对每个细分市场的客户都要有深刻的了解，并有针对性地在微观层面采取行动。换言之，投资管理公司应该尽量深入了解客户，建立完整的客户档案，人工智能可以帮助了解客户以及建立客户档案。另外，产品需要与客户的需求相匹配，公司在有多种产品的情况下，需要采取多种措施了解不同的客户群体。

2. 营销团队需要分析公司的客户开发流程。识别和开发新客户是公司持续经营的基础。但无论是机构客户还是零售客户，客户开发对大部分公司来说都是挑战。但是营销工作在于了解客户，人工智能对此可以提供极大的帮助。

3. 向客户传递价值观是投资管理业务的关键。过去的业绩虽然也重要，但不能代表未来的表现。业绩以外的沟通内容包括管理人的投资方法、理念和观念，识别、开发和沟通产品的价值方向是一项营销工作，而金融产品的复杂性往往会成为向客户传递价值方向的阻碍。营销团队可以评估公司向客户传输价值主张的能力。

4. 营销团队需要评估公司向客户展示竞争优势的流程和能力。向客户展示竞争优势营销的重要内容，因为竞争优势反映了公司的战略，以及来自竞争对手定位和战略的影响。当然，竞争优势需要转化为绩效。

5. 营销团队还需要评估公司的准备工作，尤其是应对机构客户。对于零售客户，只要公司的业务流程没有问题，可以认为是准备妥当并可供执行。但是对于机构市场，需要根据市场细分和客户的情况在运行和组织上制订个性化的方案，也就是说，针对机构客户的营销方式应该是量身定制的，公司要进行充分的准备。

6. 除了针对机构/特定客户采取的个性化营销策略外，还要建立公司品牌认同。营销团队需要对公司品牌、品牌认知度、市场发声能力、传播能力、信赖度、品牌个性和其他品牌影响等进行评估，发现不足并改进。

7. 有的时候个人和公司之间会出现持续的品牌竞争。一家公司品牌的不是一两个人的事情，不过个人经常会成为公司的代言人，比如公司的某位高层被邀请在重要会议上发言，或者接受媒体的采访。那么，实现个人影响力和公司品牌之间的平衡对公司以及客户都很重要。

四、了解公司拥有的数据

投资管理方面的营销数据有传统来源和非传统来源。公司可以根据战略确定如何部署各部门的营销工作，但不同部门的数据来源可能有相同的地方。在数据评估方面，不仅要考虑客户的意见，还要了解竞争对手、合作伙伴、环境变化和市场趋势，以及其他可能影响需求的因素。数据的载体多样，包括文本、音频、视频和其他载体，数据来源一般包括：

1. 社交媒体：通过获取社交媒体的数据来了解客户或竞争对手。

2. 新闻报道：通过新闻报道收集和整合客户、合作伙伴、竞争对手和其他主体的信息。

3. 财务报表和报告：从监管报告中了解机构和零售客户的重要信息。

4. 研究报告：通过市场的研究报告更深入地了解客户。

5. 营销参考：收集和整合目标客户和竞争对手的营销材料。

6. 对方产品：了解竞争对手的产品信息。

7. 客户的会议：跟踪目标机构客户的会议发言以及展示内容。

8. 与客户的会晤：与目标客户定期会晤，通过访谈了解目标客户的需求、策略、挑战和担忧，对这些数据进行数字化转换。

9. 信息/建议邀请：向现有或潜在的机构客户发送给信息/建议邀请书，可以借此了解客户认为重要的信息。客户的补充请求、问题回复、说明请求和沟通邀请，都可以作为值得信赖的信息。

10. 市场调查问卷：了解公司使用哪些市场调查工具，是否使用调查问卷、视频访谈等传统的市场调查方式。

11. 行为观察：收集客户在其他场合的行为数据，比如在行情突然恶化时的行为表现，作为营销活动的参考。

12. 模拟环境：可以通过模拟环境收集高度可操作的信息。摩根大通在一次广告宣传中，通过提供模拟工具和不同场景，要求实验对象在既定的市场或经济条件下，做出不同投资组合决定。摩根大通根据实验结果了解客户及客户潜在的行为趋势。

13. 与客户的沟通：保留所有公司与客户沟通的数据，不管是通过网络、电话还是现场，尤其是客户使用公司的在线沟通工具时。

14. 交易数据：交易数据涵盖公司和客户之间的交易，或者是客户与第三方的交易信息。

获取和延伸使用上述数据，实现投资管理人工智能转型的基本要求。数据能力是资产管理营销智能自动化的基础。

五、资产管理市场营销的人工智能化

资产管理营销的人工智能化主要包括五个重点领域：第一，战略规划；第二，产品组合管理；第三，与客户的沟通；第四，客户关系管理；第五，营销执行。

六、战略规划

如果需要向客户营销的是复杂金融产品或服务，需要提前有成熟的规划。营销部门需要对客户的需求保持实时反馈，尽管反馈天然具有滞后性，但需要通过反馈来实时跟进客户的需求。积极主动的营销部门懂得利用人工智能转型的契机，通过营销研究和分析的智能自动化来为公司营销工作创造价值。

营销策略的规划需要着眼于公司大局，并避免如下两种错误：第一个问题是对营销智能自动化的应用过于狭隘，比如，当公司准备推出新产品时，直到产品上市时才开始制定营销策略，此外，营销策略不仅需要有深度，以及与产品相适应，还需要配备有市场分析、市场定位、差异化竞争、品牌建立、机会识别和客户洞察等功能，这些功能可以为公司的产品开发和产品上市提供有效基础；第二个问题是策略缺乏深度，无法支持个性化的需求，具体表现为营销团队制定的营销策略缺乏深度、浮于表面，没有战略性的考量。

人工智能还可以在市场细分与市场分析中发挥作用。金融产品/服务市场处于不断变化的状态，并随时受到全球重要实践的影响，比如新冠肺炎疫情。但新冠肺炎疫情也为公司为客户提供服务开辟了新的途径。在营销方面，人工智能通过提供更具有同理心的方式，帮助公司更深入地了解客户，进一步细分客户的需求，尝试为现有和潜在的产品找到匹配模式。可以根据客户的特征，以及为客户提供专门服务的方式，对客户进行分组，营销人员可以根据分组来完善战略定位、营销活动、客户沟通和产品相关的决策。

细分客户的方法之一是使用带标签数据。例如，可以使用从已有的客户数据来预测客户之间的相似和差异，分析客户在不同情况下的不同行为，当市场出现动荡时，哪些客户惊慌失措，哪些客户能保持冷静和谨慎，哪些客户毫不关心。客户数据的来源包括客户调查、客户反馈、产品使用情况等。当然，客户的细分不应该只依赖于现有的数据标签，因为一直停留在已知的领域可能不会产生较大的增量价值，而新知识的获取通常很难或者成本很高，甚至会产生偏见，这个时候可以使用无监督式学习或半监督式学习。无监督式学习可以探索新的利基市场，更好地进行客户群体识别，识别已经存在但未被知晓的集群，发现原先未知的客户知识。典型的无监督式学习方法包括 k-means 和自组织特征映射（SOFM）。前面的章节提到过，无监督式学习是在输出未知的情况下使用输入数据，依靠输入数据发现适当的模式，当然很有可能会发现笨拙或无法解释的模式，因此利用这种学习方式探索客户细分需要持续的练习。

无论是通过监督式学习，还是非监督式学习，营销团队发现客户之间的关系模式后，需要进一步开展如下评估：

（1）这些模式是否符合商业逻辑或合理解释？

（2）针对发现的细分结果，可以采取哪些操作？

（3）如何将结果用于产品、服务或品牌等领域？

（4）细分是否能为业务创造价值，经济上是否可行？

（5）细分结果还对哪些主体有用？

（6）细分结果能否用于新产品的开发和设计？

（7）细分结果的社会、政治、组织等背景是否得到考虑？比如使用一个细分结果，可能会对其他细分形成偏见。

在这个过程中，公司在通过市场营销方面的研究和分析来识别市场机会，在匹配到可行的解决方案时创造价值。根据对不同的细分市场的观察和了解，为客户匹配产品和服务，解释细分市场，对解决方案进行抽象化，这些能力可以帮助公司制定营销策略乃至公司战略。

科学的营销策略应当包括品牌策略和定位策略，而人工智能可以帮助识别公司和竞争对手品牌的价值，以及这些品牌背后的意义。人工智能可以通过"感知"来识别的分析颜色、标识、格式和字体等品牌外观设

计，以及品牌的个性、身份以及其他特征，即完成对品牌的解读。客户如
何看待品牌，可以解释客户群体与品牌之间的关系。不同来源的数据，包
括文本、视频、图像、音频、评论、网络，都可以用来更好地理解品牌。
利用数据来理解品牌通常会用到自然语言处理分类模型，这个模型可以用
于解读品牌个性、身份和价值，显示公司内部（管理层和员工）与客户和
其他外部人员对品牌的观点差异。人工智能还可以用于解读公司和公司的
产品/服务，比如挖掘先前的产品发布信息、营销方法和成功的经验，作为
潜在战略决策的有效参考。

以上内容是营销策略的推力，即公司评估、开发和设计的对象。除此
之外，还有一些无法控制的因素，称为市场营销的拉力。比如，机构客户
内部会有评估中介机构的系统，通过自动化的系统评估管理人的业绩、工
作理念、工作方法、人员配备和工作方式。中介机构的沟通会被这些系统
记录作为评价依据。

七、用人工智能管理产品

产品包括存量产品以及开发、规划中的产品。对产品的分析以及分析
的智能自动化，需要与产品开发方式、产品价值主张、客户利益、成本费
用、产品生命周期管理相适应。以客户的需求为基础，有助于产品的开
发，可以提升客户的参与感，使客户的问题得到反馈，这同时适用于主动
型管理和被动型管理。与客户的互动可以提供产品开发的机会。可以通过
如下相互联系的四个模块实现产品营销的自动化：

一是产品开发管理。产品开发管理以创新为驱动，是联系客户反馈与
产品创新的首先步骤，也可以作为新产品和新服务的测试工具。产品开发
管理可以使用自然语言处理工具提取需求，追溯、过滤、评估和构思新产
品。产品开发管理同时涉及监督式学习和无监督式学习来推动创新，判断
趋势。可以通过算法探索不同概念之间有意识、无意识联系的环境和关系。
产品构思可以来源于思维探索或产品模拟。

二是产品价值主张。人工智能可以研究竞争对手产品的优势，记录和
分析竞争相关产品的信息，作为自己产品价值主张的参考。这个模块的目
标是提取关于客户对相关产品价值主张的感知信息，对此，需要收集相关
零售和/或机构客户的数据，包括无意识数据和有意识数据。无意识数据指
向客户无数据提供意识的行为，比如玩游戏，有意识数据指向客户有意识
提供数据的行为，比如写报告。可以通过无意识和有意识数据，提取客户

对风险和回报的观点，进而研究这种观点的相关背景。例如，客户认为 ETF 风险较低，对固收项目不感兴趣，这类客户更喜欢 ETF。电子商务曾经有个针对千禧代的"不要生气"的广告宣传，让千禧代意识到自己脆弱的财务状况，比如没有留有足够的应急开支，但也为千禧代实现财务健康提供了希望。

三是费用管理。可以收集竞争对手的产品信息并分析这些产品的费用结构，参考竞争对手的定价和收费结构。通过分析这些数据，判断我方产品的费用是否合理。在这个过程中，产品特征、公司品牌、竞争对手的信息，即作为输入数据。对于机构客户，要同时收集产品数据和客户数据，得出期望收取的费用。就像不同地方的房价一样，不同的机构客户也会根据不同的产品支付不同的费用。

四是产品的生命周期管理。持续关注我方和竞争对手产品的需求模式，通过不同数据来源，比如分析报告或专业文章，判断市场对不同产品的需求。

八、优化沟通方式

人工智能可以为公司建立有效的客户沟通平台，发现、衡量、更新、评估、构建和推荐更有效沟通方式，吸引重要的利益相关者。人工智能平台有广泛的功能，覆盖监管机构、社会组织、合作伙伴、供应商、投资者、员工和客户等利益相关者，有利于促进与上述群体的沟通，为公司创造附加价值，在沟通中实现个性化的信息传递，将沟通获得的信号匹配目标，注意沟通引导。

人工智能沟通平台包括如下功能：一是收集、分析和整合数据；二是根据多维标准，检索和分类数据；三是从行业交流提取有用信息；四是整合信息，提取信息的象征、认知参考、趋势和背景；五是将信息传递信号与信息接收者的情况相联系；六是对信息传递进行个性化改造。

对于影响力、需求拓展、销售拓展等价值驱动，无论是衡量沟通的效果，还是开展沟通，都需要以目标为导向。

九、客户关系建立

客户关系建立可以参考第十章"客户体验科学"的内容。公司客户关系管理平台，是管理机构客户关系的关键，参照管理和个性化营销是这个平台的重要组成部分，且均具有可预测性，可以确定参照的方式和来源，预测客户变动。

十、营销执行

人工智能平台可以用于促进营销任务的执行。预算管理、人才管理、绩效管理和目标管理等，都可以通过人工智能来实现。营销行为、营销计划和营销项目，都应当充分考虑成本效益，而营销执行平台可以对这些领域进行有效的评估，确定优先级事项，促进投资回报的最大化。

第十二章　人工智能与机构客户管理

投资管理公司基本都希望与机构客户建立长期合作关系，这是一个高难度但也高收益的过程。与机构客户建立长期合作，可以为公司建立声誉、获得投资、形成品牌，并提升管理人的专业性。为了达到机构客户的标准，公司会不断提高能力，时刻保持警觉，建立专业的工作流程。而人工智能现在已经成为公司建立、管理和保持机构客户关系的基础。本章将使用术语"机构客户管理科学"（IRMS）指代机构客户关系管理的自动化方案，并介绍如何构建相关管理平台。

一、谁来负责机构客户管理自动化？

如果公司认识到吸引机构客户对公司战略的意义，公司层面的支持就不言而喻了。从自动化的角度来看，营销团队可以牵头落实相关举措，但是整个工作流程还需要跨部门的协调。对于规模比较小的公司，甚至整个管理层都在努力落实机构客户关系管理的科学化。

二、客户管理系统与机构客户管理科学

机构客户管理科学兼具技术和科学的特征，最大限度地提高公司吸引、维持和拓展机构客户的能力。机构客户管理科学不是普通的客户管理系统（CRM），不是简单地记录客户的历史背景。本章不是否认客户管理系统本身的价值，而是指出客户管理系统与机构客户管理科学的区别。机构客户管理科学是管理机构客户关系的科学方法和平台，包含六个自动化：自我认知的自动化、资产类别分析的自动化、机构客户分析的自动化、结构和条款分析的自动化、费用分析的自动化和沟通的自动化。

（一）自我认知的自动化

要实现机构客户的科学管理，首先要更好地了解公司本身，比如，发现公司的战略、工作方法和价值观中的哪些内容更具有独特性或吸引

力，发现公司是否制定了良好的战略，能否有效地向投资者传达公司的战略意图。完成公司的自我认知不是一项简单的任务，因为在自我分析时，需要做到自我批评，保持客观，需要克服偏见。自我认知的自动化可以通过对公司的分析，形成公司的自我认知。自我认知流程主要有两个步骤：

第一，通过算法识别公司、竞争对手和合作伙伴相关的重要象征、概念、理念、词汇和短语。

第二，通过其他算法识别公司产品所对应的客户问题，是便利性问题、风险问题，害怕无法实现多样化，还是希望寻求创新。这些算法可以在公司产品、客户心理模型和现实状况之间建立关系。公司的沟通风格体现着公司对产品和客户的理解。当然公司还要形成对竞争对手和客户的认知。

（二）资产类别分析的自动化

在资产类别分析的自动化中，可以利用算法来研究资产类别，这种研究不是重复可以从数据供应商轻松获取的信息，而是要对资产类别形成创新见解。这些创新的见解可以是经验事实，也可以是定性分析，或者对行为的分析。获取的途径可以是叙述，用途是观察投资组合的效用和潜在客户的看法。应该获取不同目标投资者的观点，提取他们的偏好。研究投资者是否有兴趣，是否存在担忧，或者偏好哪类资产。通过将自己和其他主体对投资者的理解，评估投资者的信息是否完整，研究如何将公司的主张与投资者的目标关联起来。

（三）机构客户分析的自动化

可以用算法来收集目标机构投资者的各类信息。其中需要考虑信息的完整性，通过各种途径来形成全面的了解，不要忽略事实的背景或被隐藏的事实，因为人们通常会掩盖对自己不利或不愿告知的事实。

对机构客户的分析，不仅要了解客户的投资策略，还要了解客户本身。可以利用算法来发掘客户的语言模式、用语习惯、携带的情感、象征意义和主导思想。总之，公司要为每个客户建立个人档案，包括个人投资者和机构投资者，发现他们的投资风格、投资偏好、心理模型，兼顾投资者的感性面和理性面。分析结果应当是广泛的，应当包括目标客户对资产类别、投资工具、经营风格、利益诉求等诸多事项的观点。

以上是第一组算法的工作。第二组算法是分析其他主体对客户的观点，检索的途径包括新闻报道，或者新闻报道的相关评论，通过提取事实形成直观、全面的了解，并赋予意义。第三组算法是分析竞争对手，比较竞争对手的风格、定位、价值观、经营风格等因素。最后还要执行差异认知，了解公司的目标客户与竞争对手的目标客户在情感、策略等方面的差异。

（四）服务方式和条件分析的自动化

如果机构客户对公司有兴趣，就会开始跟公司讨论服务方式和条件。在沟通的过程中，可以了解客户所偏好的服务方式和条件，以及公司现有和开发中的产品、投资工具和资产类别所偏好的服务方式和条件。现有的服务方式信息也可以为商议中的服务方式提供参考，因此，需要收集服务方式和条件的已有数据，在此基础上使用自然语言处理来检索和分类产品。列举各种可能性后，根据机构客户的风格和偏好选择最合适的服务方式和条件。竞争对手的服务方式和条件也需要参考。

（五）费用分析的自动化

费用分析需要考虑产品、结构和条款。如果要向客户介绍报价和收费结构，最好要有一个参照，比如参考竞争对手的收费。自动化的收费分析可以帮助公司提出合理的收费，增加获取客户的机会。

（六）沟通的自动化

自动化的沟通需要研究自己公司、客户、竞争对手的沟通风格，具体包括：

1. 了解公司的沟通风格；
2. 评价竞争对手的沟通风格；
3. 学习目标客户的沟通风格；
4. 对沟通风格进行分解分析：

（1）沟通方式：公司或竞争对手沟通的媒介。

（2）通信工具：所选择的沟通工具以及理由。

（3）语义：沟通所传达的内容。

（4）图像和视频：沟通使用的图像、视频和视觉元素和使用理由，这些元素的象征意义，以及与其他元素的差异。

（5）音乐：沟通使用的音乐和使用的背景。

（6）声音：沟通使用了哪些声音。

（7）地点：沟通的地点，或者是在线沟通，以及选择沟通地点/在线沟通的考虑和理由。

（8）沟通的线索：公司和竞争对手的沟通线索，产品和市场会如何影响这些线索。

（9）沟通的主题：沟通的主题，留意主题和线索是否有变化。

（10）分解理性元素和感性元素：沟通中情感和理性/实证论证的分解。情感沟通有哪些的特定要素？沟通中传达这些情感的意图是什么？这些情感是否有不明显的动机？

（11）观点：公司或竞争对手在沟通中传达的观点。

（12）符号：沟通是使用的符号和选择的原因。

（13）引用的观点：沟通中引用的观点以及引用的理由。

（14）沟通基调：沟通的整体基调，比如，缓和还是激烈。

（15）叙述：沟通的主要叙述。叙述要比线索更广泛，包含深度的特征和代表意义。计算机叙述是人工智能目前比较新兴和前沿的领域。

（16）哲理：客户所追求的哲理和方法。

5. 对沟通的评估流程包括：第一步，用算法提取上述分解元素；第二步，利用以上信息学习如何向客户介绍和展示产品，通过算法描绘品牌认知、提取故事中的创造性要件；第三步，衡量和比较不同沟通的效果。

三、科学化的作用

利用上述工具组合，公司可以实现机构客户关系管理的科学化，并形成战略性的视野，与机构客户建立更深层次的关系，对客户有更深刻的了解。

第十三章　销售科学

营销是为了实现客户需求的最大化，销售则是将客户的需求转化为公司的收入。销售活动包括调研、销售展示、识别客户意见和销售障碍、预测交易、谈判和交易成交等流程。销售流程的智能自动化以营销自动化为基础。

一、什么是销售科学？

销售科学是对销售的科学管理。随着现代技术的发展，销售和营销需要同等和平行地建构。销售科学是为经历赋予意义的过程，是在持续论证行为的合理性。科学的销售是架构和分享故事、为故事形成整体和连贯意义的过程。在落后的销售中，公司和客户之间的叙述通常不对应或不一致。

新挑战需要新技术。意义建构不是指外购一些软件，也不是指客户关系管理，而是提取和形成可共享的叙述。在销售领域，意义建构是指创建产品的元认知结构，并将产品与客户所感知的利益匹配，形成共同的意义。所建构的意义必须与客户的需求相适应。

意义建构的出现在于其从意义、价值观、故事、叙事和观点中提取共感的能力，意义建构的过程要早于实际的销售和营销活动。可以通过实践前的理论指导和实践后的经验分析来形成环境影响下的意义建构。根据这个道理，资产管理公司必须意识到分析社会、行为、文化和销售叙述的价值。本质上，销售从社会协调性、相关性和价值共同性向客户传达意义。

早期的营销策略，方向是增强客户的理解能力、形成系统的意义建构体系。对投资管理而言，金融产品销售的特殊性、客户信任的重要性、产品的复杂性、风险等因素，简单的模型是无法驾驭的。所以，价值金字塔等模型虽然能对价值决定因素进行三角定位，但如果不考虑外在因素的影响，也无法为客户实现价值。

二、谁来负责销售科学？

考虑到公司的规模和结构，建议由销售部或市场部来负责销售的智能自动化，相关部门的负责人向公司 CEO 汇报。值得注意的是，不能把销售看作一次性交易，应当将销售作为一个连续的过程。不管是零售客户还是机构客户的销售工作，管理层都必须高度重视。

三、有没有做到销售科学？

有些销售人员会让消费者感到厌烦，之所以如此，是因为销售人员喜欢将自己的兴趣强加给消费者，引起消费者的不满。这就会让消费者觉得交易是在被销售人员操纵下完成的，而不是公平的价值交换。

以下销售策略主要为机构客户设计，但调整后也可以适用于零售客户。

1. 重构组织记忆：通过组织陈述性记忆、组织程序记忆和组织情绪记忆，帮助客户理解销售中的叙述。陈述性记忆关于规则和事实，程序记忆关于程序，情绪记忆关于经历。人工智能作为一种新生事物，大部分公司并没有历史记忆点，因而会参照现有金融产品的相关经验。而组织记忆可以帮助客户不再完全依赖历史的陈述性记忆、程序记忆和情绪记忆，而是搭建新的框架。对投资管理公司来说，这个过程风险与收益并存。组织性记忆形成于符号、本体结构和经验的系统输入。

2. 创新叙述方式：金融销售中的意义建构包括构建叙述，这种意义建构需要考虑动态、复杂的环境。公司需要回答叙述的内容，完成回答需要经历复杂的思考和简单的行动。这意味着，公司需要为客户描绘新的现实，因为历史现实不会构建新的叙述。

3. 客户身份发现：人类的决策会受到自我认知、自我认识、对事件和技术的理解的影响。这里所说的身份，可以是社会性的、组织性的或者企业性的，公司在经历重大技术变革时，需要重点了解分析。随着人工智能在销售领域的应用，在技术变革的背景下，对身份的认识有助于学会应对复杂的情况。

4. 环境构建和线索提取：大部分会认为金融销售依靠的是严谨的分析推论，实际上，叙述方式也同样重要。环境可以为叙述提供线索，帮助发现更相关、更容易被客户接收的信息。这些线索好比将碎片化的思绪联系成整体意义的参照点，就好像一个个拼图，把这些零碎的拼图拼接在一起之后就可以了解事情的全貌，也就是当前的环境。

5. 销售叙述：销售开始说话的时候，叙述活动就开始了。叙述可以帮助叙述者了解自己的想法，在环境变化时会保持相对稳定，故事叙述是有价值的，可以引导行为并体现在行为上。创造性的叙述可以提升公司的人才优势。对现实的了解可以为自己眼中的现实赋予意义。叙述的方式也会影响对方的决策。

6. 巩固可信的叙述：叙述要做到的不是精确，而是可信，因为不断变化的外部条件，使得可信性标准比精确性标准更可取。这并不是说要去忽悠别人，而是让叙述的内容与数据相互支撑。Currie（2003）认为，在某种意义上，组织是对话网络中的叙述，这种叙述如果持续积累并能形成一致的脉络，可以反过来维护和架构现实。

7. 了解反馈流程：了解公司都有什么类型的反馈流程，应该分析正循环和负循环，以了解组织的行为方式。

8. 树立愿景：意义构建要求金融销售将不同类型的价值创造和组织记忆关联起来。客户体验和业绩有同等重要的地位，对此，需要不断地向客户提供叙述，强调客户的体验与公司的业绩。关于这些叙述的来源，有些是长远的眼光，有些是熟悉的故事。故事可以帮助公司建立品牌，比如乔布斯的苹果故事。相信自己掌握对客户而言重要的答案，可以有效地实现变革。可以将这些愿景包含在对客户的叙述中，并在叙述中不断培育和发展这些愿景。

9. 组合策略：在投资端，管理人会通过投资组合创造多样化。那么在销售端，兼顾战略性和战术性也是重要的方面，因为高风险往往意味着高回报，需要多样化来平衡。

四、构建人工智能销售体系

Syam 和 Sharma（2018）全面介绍了销售领域人工智能平台的应然状态，将销售工作分解为七个流程，分别是调研、销售准备、销售方法、销售展示、异议回复、成交和售后服务。

（一）调研

算法可以提取客户对产品和服务的行为导向，生成适当的需求估计和销售预测。前面的章节也提到过，可以从不同领域获取可用性高的数据，涵盖不同类型的数据，包括结构化和非结构化数据。

这些数据可以用来识别和确定潜在客户，即识别出更有可能实施交易的客户。如果能及早做到这一点，可以减少无用功。

在构建预测能力时，需要考虑算法的多维度扩展，通过无监督式算法发现未知的模式。监督式算法在分类上可以根据已有的知识预测细分市场，无监督式算法可以发现新的线索。算法还可以为交叉销售和追加销售机会提供参考。

（二）销售准备

销售准备是寻找切入点以接触客户的环节。销售准备可以由两个并行的活动组成：（1）确定将自己介绍给目标客户的方式；（2）确定最适合销售条件的销售路径。方法（1）通过使用公司的客户关系管理数据、专业社交媒体（如领英）的数据和其他系统，为每个客户建立可访问和可使用的档案。

（三）销售方法

销售方法是确定联系客户的最佳方式。销售方法与销售准备的区别在于，销售准备是为承接客户的最佳方式提供线索，而销售方法是说明首次接触客户的最佳方法。销售方法针对的是公司/销售人员向客户传递信息的内容。

（四）销售展示

人工智能可以帮助生成销售在线展示的内容。新冠肺炎疫情以来，面对面的接触受阻，线上销售越来越普遍，因此，线上沟通的能力显得非常重要。在内容上，可以利用客户简介、客户反馈和要求的价值主张等客户专属信息，生成销售展示。然后对展示进行评估，确定展示在不同沟通措施的应用比率。其间，需要注意展示是否涵盖了成交相关内容，是否覆盖客户各个维度的需求。

（五）异议回复

人工智能可以通过生成模拟问题来帮助公司/销售人员做好销售准备。此外，算法还可以协助确定客户异议的答复口径。

（六）成交

提供服务方案是机构客户销售的重要环节，需要重点考虑服务方式、条件和费用。第十二章提到了服务方式和条件的自动化分析产品，这个产品的输出可作为服务方案的参考。其中，可以利用另一组算法评估方案，比较方案的有效性，找出哪些方案被认可了，哪些方案被拒绝了，进而发现有效的经验模式。算法对方案的评估包括主题的展示和方案叙述的分析。

交易的成交是一个复杂的过程，人工智能算法可以提供帮助。如果公司已经有充分的客户信息，就可以对客户形成了较为全面的了解。因此，可以利用人工智能算法制定有效的策略，管理交易的成交过程。

（七）售后服务

交易成交后不能把客户遗忘，而要持续评估与客户的关系强度和深度，认真对待客户的邮件、沟通请求和投诉。客户的反馈应当作为数据被记录，如果是口头反馈，也要尽量转化为数据。通过上述持续的分析，既可以确定问题模式，还可以发现机会模式。这样，即使客户的转换成本很低，比如客户高流动的公募基金，如果公司与客户的关系密切，客户也会选择留下。

第十四章　回报端循环管理

前述章节已经讨论了资产管理的几个职能支持部门，这些部门可以受益于人工智能。不过对于任何公司，主营业务才是核心。比如，Nabisco 生产的饼干不行，通用生产的汽车不行，就没有必要讨论职能部门的好坏了。同理，投资管理做不好，公司就没有业务，因为投资管理公司的核心是投资运营。

所以，本章主要讲的是投资管理的现代化转型。当然，这还要考虑到不同公司的核心战略和商业模式。但是为了避免遗漏，本章对所涉及的领域尽量做了全面的介绍，同时也可以帮助读者找到现有模式所缺失的部分。

前面的几个几章讲的主要是客户端循环，本章讲的主要是回报端循环。

一、谁来负责投资管理？

投资管理部门的负责人最好有投资管理专业经验，并能直接向 CEO 汇报。与其他的业务或支持部门不同，投资管理部门的工作链条，涵盖数据、模型、评估、部署和表现评价，无论在质量上还是数量上，都有很高的要求。根据金融领域机器学习的特点，业务职能要与其他职能适当分离。

二、如何构建现代投资职能？

当前世界充满着不确定性，投资预测是一项颇具挑战的工作，需要拨开一层层的代表着不确定性的迷雾，预估预期回报和实际回报之间的差异，这种差异也称为"风险"。可以通过回报的分布情况判断回报的波动性。还需要获取从市场信息，理解不同资产的行为表现，并通过资产组合来降低风险。在资产组合方面，组合内的资产不相关表明了组合实现了多样性，此外还可以通过组合反向资产来进行风险对冲。这些组合为金融行业创造了复杂的分析架构，公司可以识别低效市场，提高信息理解能力和速度，形成信息差，进而创造竞争优势。

投资策略需要考虑基本面和市场，了解当下市场的各种模型。

1. 基础基本面：基本面的分析主要以公司的财务报表为基础。翻阅财务报表并寻找对应的估值，是基本面分析的传统方法。财务报表的项目可以视作估值的驱动因素，同时依赖一些假设，通过预测各个报表项目的情况来估计公司未来的业绩表现。具体而言，可以通过资产负债表、现金流量表和损益表，了解公司的业务运营情况；可以通过信息披露和管理层评述，了解公司的业务战略和风险。然后根据上述观察和了解，对资产的价值进行预估，包括对资本成本、资本结构和运营措施（如收入、成本和资产回报比）的估计。

2. 业务基本面：基础的估值有一定价值，但没有考虑公司的业务动态，管理层评述和信息披露所提供的信息量可能无法满足需求。为了深入地了解，需要研究公司业务的实际运营情况，包括公司的营销方式、供应链的风险、新产品的上市渠道。可以从宏观面提取信息，添加经济指标，通过分析运营和经济状况，深化基础基本面的分析，了解公司的业务运营框架。

3. 竞争基本面：企业在市场中不是孤立的，业务基本面的分析虽然考虑公司的运营状况，但没有考虑公司的竞争环境。对此，需要了解市场的竞争动态，包括市场的定价策略、新的市场进入者、替代方、市场份额情况和技术的更迭，对业务基本面进行扩大分析。除此之外，投资目标（比如股票）还需要考虑目标公司核心业务的市场行情。

4. 市场基本面：市场基本面分析是将公司置于复杂的现实市场，不断研究市场出现的新问题。这时就会出现 β，股票价值变成相对价值，股票的价值成为市场的一部分，受到市场广泛要素的波动影响，β 即用来评估这些影响。市场敞口足以驱动回报。需要注意，虽然资本资产定价模型可以用来估计以上所有估值的资本成本，但本处主要是讲思维，具体的工作方式可以参考 Graham 运行资本资产定价模型前的估值工作。

5. 预期基本面：预期基本面分析，将每个价值驱动因素（可以理解为报表上的每个项目或指标），视为受股东预期影响的内部估值系统。例如，如果公司公布的收益不如市场的收益预期，即使公司的收益在上升，股票价值也可能会下降。这种带有预期的估值、风险和回报信号隐藏在行为之中。有一种假设是，投资者会根据分析意见和其他沟通信息，对每个价值驱动因素形成预期，进而推动形成市场的估值，这也是行为经济学的逻辑。

6. 要素市场：正如金融行业的研究人员认为，单个要素（市场敞口）

的 β 还不足以解释股票风险和回报，所以要考虑要素投资或智能 β，添加规模、价值、动量、质量和波动性等多类要素，来解释风险和回报。

7. 资产组合：时代的发展以及投资组合的多样化和对冲作用表明，仅了解一只股票的表现是不够的，要了解资产的相互作用。对此，需要考虑同一风险下回报最大化的工具和同一回报下风险最小化的工具，形成投资组合。除了要持续观察所有的基本面信息外，还要跟踪股票的相对走势。

8. 客户：不应仅将客户看作投资策略结果的接受者，还要考虑客户的目标、愿景、反馈、思考、偏好和需求。在构建投资组合时，可以考虑客户的需求定制个性化的投资组合。

9. 资产类别和替代资产：除了基本的股权和债务资产，还有许多其他的资产类别，每个资产类别又有不同类型的投资工具。这些工具和资产类别有自己的基本价值驱动因素。金融全球化拓宽了人们的视野，当意识到新的资产组合可以帮助客户实现资产组合的多样化时，可以提升公司的组合投资能力。

10. 衍生品：基于流动性和扩充投资选择的考虑，可以将衍生品加入投资组合中。衍生品的价值来自基础资产，进一步提升了金融产品的复杂程度，也会催生新的投资策略，比如对冲和动态调整的投资组合。

11. 索引、组合和适配：为组合内的各种资产创建索引，提升"活力"。

12. 市场：基本面分析更专注于资产的特殊性。不过根据观察，交易本身的动态也可以提供创造价值的机会。公司可以利用价差、订单流量、波动性、不同时间段的交易量等交易信息，依靠交易策略获得回报。如果采取短期持有策略，可以观察潜在的变量，甚至是价格波动的技术图表，来进行投资决策。在战略竞争时代，交易策略需要涵盖价值投资、增值投资、趋势投资、平均成本投资、卖空投资等。

13. 定量分析：结合运用定量分析和基本面分析，将基本面策略和以市场为中心的交易策略结合起来，创造复杂的创新投资组合。

14. 竞争对手分析：在战略竞争时代，需要观察和了解其他市场主体的战略，做到：（1）观察和借鉴其他主体的策略（可以依靠智能操作）；（2）分析竞争对手对我方策略的反应，并应用博弈论的原理。

15. 行为分析：预期基本面分析对行为了解的广度不够，还要了解更广泛环境中的行为，包括市场行为、消费者行为、交易行为等。此外，财报电话会议、季度和年度文件以及新闻稿等基本数据，都可以用于行为分析。

16. 模拟：可以添加投资模拟工具，包括数据模拟和策略模拟。

17. 叙述：不过，以上内容都无法解释叙述的形成以及叙述对我们决策的影响。除了数据之外，我们还需要通过叙述优化投资决策。

上述领域的评估大多可以用常规技术来完成，但随着人工智能时代的来临，替代数据的诞生赋予了分析快速变化事物的能力，只要拥有能够优化上述领域评估的数据。毕竟，在人工智能出现之前，实践是为了完善提出的假设和估计，而人工智能在这方面的处理能力有指数级的能力增长。

上述领域的发展体现了商业模式和战略形式的多样性，而人工智能正在影响这些领域。本章希望通过上述领域的细分，让读者意识到当前数据和战略都是以人工智能为中心的。

在人工智能时代，投资策略需要关注以下方面：

1. 构建区块：一般来说，可以将这些领域看作资产管理的构建区块。有的时候，这些区块可以做到相互依赖和支持。

2. 强化：区块层可以相互强化，有的时候一些层会依赖其他层。

3. 集成：在不同区块层上下移动时，较低的层通常集成顶层的效果，获取更大的价值。

4. 策略灵活性：方法的多样化可以提升策略的灵活性。

5. 集中：每一区块层内部也有动态，当定量层、行为层和叙述层组合时，力量可以得到集中，进而为公司提供巨大的优势。

6. 复杂性：不同区块层的上下移动，会增加整个系统的复杂性。

7. 计算能力、数据和机器：无论是以人为中心的计算（使用经典的数字程序）还是传统的统计方法，都不足以完成上述建模，需要利用机器学习。

三、核心工具组

了解以上内容后，可以回顾一下人工智能在金融领域的应用及类型。Andriosopoulos（2019）分析，研究人员将计算方法分为三类：第一，优化模型，包括线性和非线性模型、动态模型、随机模型、模糊模型、多目标模型；第二，数据分析和机器学习；第三，决策分析和支持系统。

四、投资管理部门的职能

在科学经营公司的框架下，投资管理需要科学化，要做到以下两点：一是发展理论来解释研究出的投资策略，二是研究投资策略的同时解释或寻找其背后的理论。这种探索、发现和创新的精神，可以推动为客户和公司创造价值。

科学的投资离不开合理的资源分配和部署。如果公司想要在市场中脱颖而出，必须主动在战略层进行变革，在整个公司层面而非投资管理等业务部门进行动员，因为此时人工智能不是一种技术方案，而是一种业务模式。

五、决策

理想的情况是，公司制定了成功的价值投资策略，并向投资者说明合理的回报。现实情况却是，这是一个短期的投资策略，而且即便有效，也很有可能被竞争对手轻易地复制。对此，需要思考以下几个方面：

1. 投资管理职能需要哪些区块层？

2. 数据和运营成本，实现投资管理科学化，还需要部署哪些领域？

3. 一些领域是外包还是自主开发？

4. 如果让人工智能团队专注某个领域（如基本面），让投资管理人员关注其他领域，具体需要如何操作？

5. 人工智能团队能否在缺乏多维能力情况下创新理论？

6. 人工智能团队能否在有限的条件下测试战略？

7. 公司能否在整体功能不足的情况下建立和维持业务模式及竞争优势？

六、新的时代

资产管理业务正在经历变革，与过去自上而下、教条式的战略定位不同，新时代的资产管理是自下而上的理论发展过程，即动态的理论发展过程，并随着公司对科学方法的认可得以体现。对客户而言，有效的方案不是决定或促成一个投资方案，而是不断测试和动态监控行为和市场这两个认知要素。可以用机器学习来发现和寻找这些模式，人工的任务则是解释这些模式背后的理论。在新的时代，投资经理要兼具资产专家和有同理心的医生这两个角色，其余的工作可以尝试让智能机器来完成。部分专家提醒道：不要强行解释数据，硬凑出模型的良好表现，或忽视现有的理论，回避一些关联的背后驱动因素。

七、理论的斗争

现代投资组合理论和行为金融学，是纷争已久的两大理论阵营，但实际上，这两种理论都是依据行为认知和市场认知的假设。

现代投资组合理论认为投资者是理性的，在一个有效的市场中，投资者会根据平均方差投资组合理论规划投资组合，预期回报仅与风险相关。理性是一种认知结构，市场可以视为社会层面的认知结构，而无论是投资组合规划，还是理解预期风险，都是认知活动。

行为金融学认为投资者是普通的、有感情色彩的，因此增加了人的行为或认知的分布。行为金融学认为市场并不是有效的，推荐行为投资组合理论，认为回报会符合行为资产定价理论。

随着投资管理公司这两种理论的应用，实践层面将这两大理论进一步丰富起来。技术解决方案、人力资源、市场营销、客户沟通和业绩指标都是以理论为基础设计的。随着两大理论阵营的分化，双方都声称对方的模式并不完善。折中派认为，可以尝试融合两大理论体系，寻找实现二者平衡的点，通过权重分配能使二者共存。

八、更多的行为

公司做什么业务和公司如何提供服务，这两个问题在本质上是不同的。公司做什么业务，代表的是信念、知识和对不同理论概念的理解，这些理论概念定义了帮助客户的方法；公司如何提供服务，包括渠道的选择、资源的渠道分配和技术应用。

采用行为模型不仅是创新，也是在有效回应忽视行为影响的模型。行为分析方法有一定的价值，因为市场确实会出现奇怪和预料之外的事件，这可以视为复杂的自适应系统。不稳定的行为会在网络中产生气泡和病毒效应，市场主体需要保持清醒，不过有时噪声也会带来机会。这个过程会有两个难题，一个是行为主义的兴起不可避免，一个是很难通过基础设施来理解和模拟零售客户、客户群体和市场三者的行为。

九、研究和投资策略

有些管理人会看重基本面，有些管理人更关注交易动态，当然各自都有支持性的证据。比如，买卖双方对基本面的反应，并不是来源于财务报表和信息披露中展示的绝对价值，而是来源于对未来业绩的预期。预期好的时候，买方会选择进入；预期差的时候，买方就会离开。

可以从七个方面来理解投资策略：

1. 根据投资者的预期，了解和模拟公司基本面。

2. 了解风险因素和不同风险因素之间的关系，这不仅是在研究与特定资产类别相关的风险，而是将风险作为一种现象来研究。

3. 了解资产类别和子类别的细节，包括资产类别替代方案。

4. 研究各种变量与资产流动之间的相互作用，了解和分析 ETF 等资产的上部构造和形成。

5. 组合现有资产（资产类别）的现金流，并用衍生品来创造新的现金流。

6. 关注税收政策及其影响（对资产的影响）。

7. 调整投资者的其他偏好和特征。

这七个方面的内容共同构成了一个可以实时调整和研究跟进的投资组合基本平台。

十、投资组合

可以利用以上策略研究和投资策略平台，制定和研究各种投资组合。例如，可以根据不同目标参数来模拟和研究不同资产及其组合的业绩。

规划投资组合可以以自指导模型的配置参数为基础，也可以以符合客户动态目标的参数为基础。投资组合主动或根据时间进行自我调节，可以依照传统的金融模式或更先进的行为模式。

投资组合设计的关键在于符合客户的目标和市场状况。前面的章节提到，理解客户目标需要依靠自动化的共情营销。选择产品和投资、配置资产，都是投资者在以自己的行为对抗市场行为的表现。对此，可以通过共情的自动化满足预期的自动化。

十一、表现

表现监测是确保回报端循环运行的关键，监测的措施可以分为外部措施、客户措施、内部措施和管理人措施。

第十五章　监管合规和运营

本章主要讨论监管合规和公司运营两个方面的内容。

一、谁来负责监管合规和运营？

建议由合规负责人负责监管合规的智能自动化。公司运营与报告披露、机构支持、会计等后台职能将在本章最后讨论，这些各自的智能自动化一般由各自部门的负责人负责。总体而言，监管合规和运营的智能自动化，需要根植于公司机器学习方面的总体目标。

二、监管合规

监管合规不是应对监管，而是公司的一种工作方式，因为监管合规不仅可以有效地评估公司的表现，还可以为其他工作提供良好的环境基础。公司监管合规的能力，也是公司竞争优势的一个重要部分。如果公司的合规状况不佳或者没有适用 GIPS 等道德标准，也会影响投资者的选择。

还有一些合规问题会在第十九章"公司治理和道德规范"中介绍。

三、实现监管合规智能自动化的原因

监管合规的智能自动化对于资产管理公司有重要意义，背景是：

1. 监管要求较为复杂。监管具有广泛性、动态性和多样性。监管规则有不同的制定主体且内容一般较为具体，有的时候会存在冲突，因为不同的监管规则会从不同角度对业务进行规范。总体来说，监管规则种类繁杂、数量庞大，因此监管合规是一项颇具难度的工作。

2. 监管合规有四个方面的要求，分别是：诊断问题、描述问题、预测问题、解决问题。

3. 监管合规工作需要细致的规划和实施。监管合规工作事前要有全面的规划，还需要应对监管要求的新增和变化，还要注意合规意见的执行。

4. 监管要求需要持续关注。监管要求发生变化，监管合规工作也要相应调整。因此需要时刻关注监管的变化。

5. 监管合规是一种企业文化。监管合规不仅涉及公司的管理，还是一种公司文化现象。认真对待合规、尊重合规工作的公司文化是公司的重要资产。

6. 合规效率的提升。合规效率的提升可以促进公司内的合规管理，为公司节约业务和合规成本。

7. 监管合规促进投资回报。监管合规的有效性意味着更多的领域得到保护，降低失误、错误、假正例和假负例的概率。

四、监管合规智能化的内容

在监管合规人工智能方面，公司需要有一个跨部门的团队，在以下方面设计和部署人工智能技术：

1. 监管规定识别：监管合规需要跟踪监管要求的发展和变化，访问法规数据，对现行监管规定进行分类，形成多个主题的标签，将监管规定转化为公司内部执行规定，需要识别不同监管规定之间的重复或冲突。

2. 合规漏洞识别：根据已识别的监管规定，确定公司现有内部管理要求是否有不符合监管规定的地方。

3. 合规培训：利用上述监管合规成果，开展内部合规培训。

4. 场景模拟和风险评估：通过场景模拟进行合规风险评估。

5. 优先级评估：在技术层面，通过分析监管规定的影响和相关程度，对监管规则进行优先级排序。

6. 内部沟通：可以利用人工智能，确定沟通主体并就监管要求变更和影响的分析发起沟通，并随后公开沟通的成果。

7. 合规文化评价：可以利用技术持续评估公司的公司文化要素，确定公司文化对诚信、监管合规、透明度等方面的重视程度。

8. 监管合规开展：可以技术评估监管合规工作的不足之处，协助工作流程、项目协调和资源识别等领域的工作开展。

五、监管合规智能化的措施

一是运营/业务模式分析。首先创建运营/业务模式的分析工具，提取文本和数字信息，持续观察业务状况，解析客户细分、产品、资产类别、分销渠道、定价、运营位置、产品结构、监管框架和机构客户等业务模式元素。对基本运营模式进行扩展分析，纳入公司关键活动、资源、收入、成本和资本的分配。其中，通过文本挖掘工具提取业务模式，是人工智能的应用热点（Lee 和 Hong，2014）。那么，对于文本挖掘操作，要决定是自主开发还是外包。自主开发意味着更多的竞争优势以及进行延展分析，这是竞争对手做不到的。技术外包买意味着从规模效应的第三方获取解决方案。

二是追踪监管要求。公司需要了解公司运营/业务模式与现行监管框架、监管变化和拟出台的监管规定之间的联系。部署监管跟踪工具，可以获取监管机构的动态，对监管动态进行数据挖掘和分类，按照知识领域、主题和落实要求对这些监管规定进行分类。可以通过交叉引用、引证、动词、名词、术语、实体命名来进一步加强分类结果。

三是影响管理。可以根据前面两个模块获取的信息，显示监管变化将如何影响或潜在影响业务的各方面，以及不同规定对公司的各自影响。

四是监管风险管理。对监管风险的自动化评估需要依赖多个工具。第一类工具用于计算风险敞口，从潜在损失和罚款等角度计算不合规的潜在影响，不合规对产品产出的影响只需要进行大致方向的估计，输入数据包括监管变化、影响的业务领域和各个机构的合规记录等；第二类工具用于评估公司在监管合规方面的不足之处，指出需要改进的方面，将人工制定的内部制度与机器生成的结果进行对照，确定现有人工制度需要修改的地方。

五是影响评估。影响评估也需要多个工具，第一类工具是估计监管的概率和结果（处罚金额），第二类工具是评估风险的上升。

六是理解模式影响。这个工具可以分析出受某一/某些法规主要影响的业务模式，包括业务领域、资产类别、产品供应。

七是监管科技生态系统性解决方案。除了以上六个方面外，还有一些非一次性的解决方案，作为公司战略的一部分，与其他方面平行制定和实施，涵盖：（1）了解你的客户（KYC）和反洗钱（AML）；（2）交易监测和监督（内幕交易、市场滥用、不当行为、个人交易监控等）；（3）投资组合风险；（4）风险管理；（5）文件和记录的管理；（6）税务管理；（7）与监管相关的应用程序；（8）基本的 GRC 平台，包括风险分析、风控管理、工作流程、审计、文档管理、元数据、用户信息、分销渠道、沟通。

八是计算和披露。机器人流程自动化和机器学习，可以通过自动化提升计算和披露效率和效果。

九是营销和宣传。可以利用自然语言处理来识别公司在营销和推广领域的合规漏洞。

十是监管备案。可以利用机器学习方案，评估监管报备工作的合规性。使用定值性检查、完备性检查和文化检查，对监管报备实施适当的内控和质量检查。

十一是职工备案。使用自然语言处理检查职工的披露信息和文件，观察是否存在缺漏、错误或者其他值得关注的内容。

十二是合规培训。一旦理解合规漏洞，就应用技术来执行学习需求评估和培训要求的自动化。

六、全球投资表现标准合规的技术性手段

全球投资表现标准合规（GIPS）是体现公司接受和遵循全球道德标准的最优方式，内容涵盖信息披露、业绩标准和内部控制，能够为公司创造竞争优势。公司如果要声明符合 GIPS，需要根据 GIPS 要求制订执行方案。最新版的 GIPS（2020 年版）解释了遵循 GIPS 标准的重要意义。目前，GIPS 被数十个国家的数百家公司采纳，是行业最佳实践中最有价值和帮助的补充工具之一。

为了提高效率和效果，公司负责 GIPS 实施流程的负责人最好利用智能自动化来完成这项工作。智能自动化的作用不是对符合 GIPS 进行宣布，因为有没有符合需要考虑 GIPS 的内容，智能自动化的技术也需要获得 GIPS 制定机构认可。智能自动化的任务是支持 GIPS 的实施，提高实施的效率和效果，形成良好的开端，扩大实施规模，协助公司的审查和审计工作，建立公司落实 GIPS 的信心。

本章前面提到了定值性检查、完备性检查和文化检查。具体而言，定值性检查（计算）是通过精确公式完成测量和计算的系统，完备性检查是通过观察不同变量来评估计算结果的系统，文化检查是评估文化、严谨性、性格等人性因素的系统。其中涉及的智能自动化包括：

1. 投资组合监控：从业绩评价角度，监测公司管理的所有投资组合。可以利用测量、完备性检查、文化评估等方法，评价业绩和监管合规陈述。其中，测量包括通过硬措施和定值公式计算出的业绩，以及定值验证。完备性检查与此不同，完备性检查具有统计性质，使用间接代表的方式来对准确性进行检查。

2. 异常情况：为确定完备性检查与计算值之间差异制定框架，识别异常值，审阅合规性陈述，观察语言使用情况，检查人文偏见。

3. 程序：如果需要开展审计或尽职调查，可以利用流程挖掘实现系统、数据志和数据移动的自动检索。流程挖掘如果得到正确实施，其结果将同时包含元数据和事务性信息。其中，可以使用分类器来观察异常值或潜在的错误。

4. 内部控制：实施内部控制评估，可参考同在 Wiley 出版的《人工智能审计、法证会计和估值：战略视角》一书的内容。

5. 估值和会计：见如下第七部分。

七、中后台工作

1. 估值：估值是一项重要的工作，GIPS 提供了估值的指导原则。在估值方面，常用的技术是定值性检查技术和工作流程技术，人工智能有的时候也会派上重要用场。

2. 定值性检查、完备性检查和文化检查：在所有定值计算和报告中，让完备性检查和文化检查发挥作用是有很大帮助的。

3. 对账、核算、计算权责发生额：对账、核算、计算权责发生额方面有很多人工智能应用，无论是外包和内部开发，机器学习和机器人流程自动化的应用，可以提高工作效率和减少错误。

4. 零售客户引导：通过提问的方式来了解客户是比较常见的方式，但也会降低客户体验，甚至提高发生偏见的概率。偏见来自个人信念，虽然可以通过一些具体的问题来了解客户的目标、愿景、风险和问题，但是不断地抛出问题并不是一种较优的方案。而部分技术甚至可以挖掘客户自己都不知道的内容，人工智能、游戏化和行为分析这些技术可以解答向客户提出的问题，并通过客户的无意识数据了解客户。

5. 机构客户的需求管理：减少运营分歧、提升客户反馈的质量和速度、提供可靠和可用的信息，可以增进公司与机构客户的关系。向机构客户提供战略信息还需要预测机构客户可能会提出的问题，对此，可以分析机构客户的历史需求、业务模式、客户的信息、适用的监管规则，以及客户的团队数据，来预测客户可能会提出的问题以及信息需求。

显然，人工智能可以实现监管合规和运营的自动化，并提升效果。当然，与其他领域一样，监管合规和运营的人工智能应用，也需要细致地规划。

第十六章 供应链科学

与制造业公司不同，投资管理公司一般缺乏先进的采购和供应链功能。采购的主要功能是购买办公用品和电脑等资产。随着人类在人工智能领域取得的进步，公司对战略性供应链的依赖也在上升。复杂数据、方案供应商、外包运营和先进的硬件设施将成为公司运营的重要影响因素。公司战略的卓越性来自构建具有韧性、严谨性、可靠性、再强化性和反馈性等特征的供应链。

一、谁来负责供应链科学化？

资产管理公司需要可靠的数据、硬件和服务供应，这对采购和供应链功能的规范化提出了要求。在人事方面，要创建供应链管理相关职位，供应链管理人员能够向数据运营负责人汇报工作。先前的章节提到了设置负责数据采购的职位，但是，对于供应链更广泛的集团来说，供应链管理不仅是获取数据，还需要负责公司其他方面的采购工作。

二、如何看待供应链？

（一）一般原理

供应链是一个复杂的网络，包含复杂的行为，可以看作一个复杂的自适应系统（CAS）。CAS 是非线性系统，但许多供应链被建模为线性系统，这会产生一些问题。如果不能将供应链建模成非线性系统，供应链的可预测性和韧性会打折扣。风险管理是其中一种比较有效的方法。

可以将供应链管理能力定义为供应链风险管理（SCRM）。考虑到经营性质，投资管理公司依赖可靠的数据和服务来源。人工智能正在围绕 SCRM 开展变革，当下有不少这个领域的重要研究。

可以将供应链理论视为网络或复杂的自适应系统。网络中的节点可以看作彼此交互的利润最大化代理。在交互中，资金、数据、商品和信息在代理之间进行交换和传递。供应链由实体供应链和信息供应链组成。供应链与产品和服务相关，那么在投资管理领域，数据就是数据供应链的中心驱动因素。离中心越远，就越难观察供应链，因为物理距离、文化距离或其他因素会削弱规划代理的可见视野。

一些研究人员设置了供应链分析的议程，规划构建的内部机制涵盖代理、模式、自组织、涌现、网络联通和网络维度。比如，网络中关系量的增加会提高复杂性，可以通过关系的数量来衡量网络联通。而网络维度则与复杂性成反比，因为维度是指代理的自主性，自主性衡量的是每个代理对其他代理的影响程度，节点的数量越多，自主性越低。一个实体或代理的决策会影响到其他实体或代理的决策。

Wilson 和 Hearnshaw（2013）将供应链网络与社会、生物、神经、生态网络等其他网络进行了比较，确定了供应链网络共有的三个性质：第一，较短的特征路径长度①、较高的聚类系数和幂律连通性分布的存在。较短的特征路径长度测量两个节点之间的平均距离，在供应链中，这可以看作在两个随机选择的公司之间移动数据（或任何其他东西）的最短距离。第二，幂律分布表示具有少量高连接节点和大量低连接节点的配置，这些节点可以看作高密度的主要集线器——不断向下连接更小的网络，这种配置使网络更加稳健，因为小网络的故障不会扩展到较大的集线器，甚至较大的集线器的故障也不一定会影响其他集线器。因此，该系统即使出现较大的故障，也可以正常工作。第三，聚类系数测量来自同一节点的两个或多个节点之间存在关联的可能性，体现节点之间聚集的程度。这三种措施可以应用于任何类型的网络，也可以应用于供应链。

供应链的韧性是最重要的。为此，Mari 等（2015）提出了相关的数学模型。Mari 等首先强调在供应链分析中不能通过常用的线性工具来建模非线性系统。韧性定义和测量很重要，因为供应链容易发生中断，缺乏稳定性。可以通过可访问性、稳健性、灵活性和响应性来衡量供应链的韧性：

1. 可访问性是指在不利情况发生后介入供应链的能力，这意味着该公司可以在发生重大事件后响应市场需求。

2. 稳健性是指在供应链发生中断时能够部署应急计划。

3. 灵活性意味着能够根据需求在不同的供应商之间重新配置和转移

———
① 在网络中，任选两个节点，联通这两个节点的最少边数，定义为这两个节点的路径长度，网络中所有节点对路径长度的平均值，定义为网络的特征路径长度。这是网络的全局特征。

生产。

4. 响应性意味着能够响应需求、市场和客户的变化。

可访问性和响应性之间的区别在于：可访问性指向现有的需求，响应性涵盖需求模式的变化。随机图建模是建模复杂网络的统计机制的方式之一。

供应链有多种结构，包括组织、技术、财务、信息、拓扑，所以不要忽视系统的结构动力。不断变化的自适应供应链很可能会出现不连贯或不一致。因此，对于快速更迭的结构动态，需要及时制订稳健的计划。对此，数学建模研究主要关注优化、模拟和启发三种方法：优化方法是发现最佳和最有效的供应链；模拟方法是模拟系统的行为。启发方法是总结出有效解决方案的智能规则。因此，供应链可以改变行为、自我优化、自我更迭和自我适应。

其他研究将供应链建立网络基础上，提出当前全球供应链与复杂关系相互关联。管理人需要考虑的多个因素中，最重要的两个因素与它们所关联供应链的结构歧义以及适应变化需要相关。Pathak 等举了几个关于公司通过神经网络和代理模型（蚂蚁觅食算法）来优化供应链决策的例子。互联性和动态学习有助于将供应链建模为复杂系统，不过 Pathak 等也提到，研究行为层面的适应方式也是一个挑战。

（二）如何转化为人工智能的行动计划？

1. 了解已有且可用的供应链数据，从会计系统、采购系统、人力资源记录和其他可用途径中寻找数据。

2. 开发人工智能应用程序，对数据供应链进行建模。如果可行，要求数据供应商提供数据来源，还要建立供应链模型来研究供应链风险。

3. 模拟潜在数据损失、供应链中断，以及供应链的成本、及时性和可靠性。

4. 开发评估供应商能力的人工智能系统，可以利用采购程序中的 RFI 和 RFP 信息来建模。

5. 针对重要研究可能发生的数据中断情形，生成替代供应方案计划，可以考虑开发替代性的内部供应或内部数据生成。

6. 评估数据供应链中的联通性和维度。

7. 分析供应链中重要供应商之间的路径长度。

（三）小结

利用人工智能来改善供应链，可以有效管理风险，并保证战略数据的持续流动为风险管理和战略数据的流动提供了机会。通过自动化寻源采购和供应链，可以达到以下目的：

1. 利用人工智能实现工作的自动化；
2. 利用人工智能进行分析并得出结论；
3. 利用人工智能提高运行的精通性、准确性和精确性；
4. 利用人工智能增强预判能力；
5. 利用人工智能提前部署干预措施，提高成功的概率。

第十七章　企业社会责任

随着环境、社会和治理（ESG）的普及，社会责任已经不单单是一种投资战略，更是企业的一种经营方式。随着人工智能和机器学习在业务领域的全面应用，其影响在企业社会责任（CSR）领域也有所体现。如果实施得当，人工智能可以用来提高 CSR 项目的效果和效率。CSR 领域的人工智能应用可以划分为三个步骤：第一，了解公司内部的 CSR 程序；第二，确定问题领域；第三，利用人工智能实现自动化和分析。

一、CSR 困境：能否用程序来解释？

商业道德、可持续发展、多利益相关者模式和 CSR 项目在规定上是一回事，在执行上则是另一回事。总的来说，CSR 项目对企业、世界、社会、环境和人类文明具有积极意义。对这些项目并不是没有评价，但是这些评价都不是围绕公司展开的，而且有"报喜不报忧"的倾向。现有的评价主要集中在 CSR 的程序上，而自动化提供了优化程序、缩小差距的方法。

Visser 将 CSR 定义为"企业通过经济发展、良好治理、反馈利益相关者、环境改善，在社会中持续创造共同价值的方式"。换句话说，CSR 是一种综合、系统的商业方法，建立而非侵蚀或破坏经济、社会、人力和自然等方面的资源。

Visser 提到，传统的 CSR 并不成功，并将 CSR 的历史发展分为贪婪、慈善、营销、管理、责任五个阶段，每个阶段都对应着 CSR 的一个定位，分别包括防御、慈善、促销、战略和系统。Visser 补充，虽然 CSR 比以前有所改善，但这些改善并不属于重大进展，目前公司在贫富差距、森林砍伐、生物多样性丧失、碳排放和腐败等方面，发挥的基本是副作用。

鉴于此，Visser 提出了 CSR2.0 方案，包含创造力（思维跳跃）、可扩展性（规模）、响应性（利用跨部门关系来引导变革）、地域性（思考全球和地方的行动）和循环（资源的可持续利用）五项原则，该方案展示如何优化 CSR 要求。

二、CSR 项目面临的问题

CSR 项目的实施主要面临如下问题：

1. 测量方面：未能测量、测量要素不适当或结果不具有结论性和相关性；

2. 行为方面：管理行为在有意劝阻或阻碍企业充分实施 CSR 项目；

3. 战略和组织性方面：无法适当地将 CSR 整合到业务战略中，反之亦然，CSR 项目的沟通不足导致缺乏组织支持。

三、CSR 测量面临的问题

（一）价值

价值问题涉及价值的构成，以及 CSR 的价值贡献能否用经济概念来测量，同时还要参考社会正义等其他因素。另外，测量企业 CSR 对股东价值的影响有一定的难度，特别是 CSR 的哪些部分创造了股东价值或竞争优势，或者 CSR 是否完全实现了股东价值。其他意见包括 CSR 成本的合理性，以及价值破坏是否应当被纳入。

CSR 的测量方法尚有较多不足，例如，评级系统无法准确测量 CSR 的业绩，并增加了对 CSR 倡议的怀疑。CSR 项目是否提高了公司的价值或财务表现和 CSR 之间的关系等问题，都没有得到解决。可以用财务业绩代表其他的财务测量标准，如资本成本、风险利差、利润、自由现金流等，但这些要素对 CSR 的影响仍无法确定。

CSR "行动"和"宣称"之间的差距引起了消费者的怀疑，甚至是激烈的反应。对比三重底线等常用的测量和报告系统和其他方法后，发现有必要开发新的测量系统。其他研究人员称，实证报告可能是错误的，因为 TBL 具有主观性，无法提供比较标准。

（二）重要性原则

利益相关者的优先考虑事项和关注点是 CSR 项目设计和开发的主要输入。有人批评，这种评估基于主观数据，重要性原则与管理层议程相关，且受到管理层知识水平的限制，导致调查受到束缚，并被代入偏见，使得结果不可靠。现在还没有重要性的执行标准，导致不同的公司会得出不同的战略和结论。非财务措施往往被忽视。

四、行为和角色问题

通常管理行为和角色是 CSR 正确实施的最大障碍。激励因素的失调可能会导致管理行为，即管理层可能会采取措施来阻止甚至扭曲 CSR。

"代理人冲突"依旧是一种障碍。当然，CSR 项目本身也可能存在偏见。管理层可能基于利益冲突，实施忽视股东价值最大化目标的激励措施。CSR 项目可以赋予管理层巨大的权力来损害股东的利益。从代理的概念来看，CSR 可以专注于股东价值创造，从而稀释管理者权力。这并不局限于管理层，也适用于顾问，Norman 和 MacDonald（2004）称，为 CSR 制定会计标准的人（顾问），也会是受益于 CSR 实施的主体。

CSR 曾被谴责是不可靠的、欺骗的、自私的和促销性的项目。批评意见称，CSR 变成了一种用少做坏事替代多做好事的工具，是在保护下行空间，而不是在创造上行空间。

五、战略和组织问题

即使没有主观的欺骗故意，疏忽或能力不足也会导致战略和组织问题。因此，有必要将 CSR 纳入企业战略。整合 CSR 和公司战略可以形成竞争优势。

不少组织无法区分业务的可持续性和业务的可持续发展。CSR 项目经常因为缺乏业务部门的支持、缺乏现实考虑以及不具有持续性的行政支持而受阻。

美国劳工部前部长 Robert Reich 曾说，管理层应该关注价值创造，CSR 应由政府来承担。这种观点遭到了不少批判，反对意见认为政府是效率低下的，缺乏资金支持和激励，因此需要企业的参与。这样，政府的失误不会直接导致市场的失败，因为还有企业。

六、人工智能如何应用于 CSR？

1. 将人工智能用于价值测量和价值发现。通过利益相关者总价值的自动化计算来评估价值测量和价值发现的重要程序，计算利益相关者在经济、社会和环境方面的价值。可以通过内部和外部数据来实施对行动和效果的独立评估，避免人工的偏见，评估股东和利益相关者的价值一致性。

2. 重要性评估的自动化。可以利用人工智能，使用严格、客观和实证的标准来改进重要性评估程序。可以通过算法找出对利益相关者最重要的要素，根据来自利益相关者的直接输入样本对利益相关者进行测试，这样也可以为适格但可能缺乏影响力的利益相关者发声。完成这项工作，需要使用利益相关者数据、确定客户的偏好、观念和对 CSR 的需求。Calabrese 等（2016）使用了一个确定偏好的数学模型——分析层次结构程序①，在可持续性管理中应用模糊定量评估，以定量的方式确定偏好结构。Whitehead（2017）将突出性和风险作为两个维度，以定量的方式关注可持续发展指标的优先级。失败模式和失败影响分析也可应用于实施重要性评估。通过人工智能实施监控和持续反馈，有助于确定优先级和持续的风险评估。

3. 业绩评价。指导算法跟踪 CSR 项目的业绩，识别影响项目业绩的变量。要保证使用的输入包括监管标准、全球标准和内部目标等特征，得出成果和影响的输出。

4. 自动解决行为问题。可以部署人工智能来制定符合股东和其他利益相关者利益的激励体系。机器学习系统可以提高透明度，减少人类的偏见。建议允许算法代替人工管理，独立监控和调整激励系统。可以参考重要性评估的原理，即由技术实现独立管理，技术可以过滤不重要的项目。

上述步骤也可以运用于一些类似项目，可以将人工智能用于打击腐败和财务欺诈、预防欺诈、改善内部控制。

人工智能可以实现战略和组织的自动化。可以通过算法来评估、设计和监控企业战略与 CSR 战略之间的关系，建立这种关系对创造价值至关重要。这是一种学习算法，跟踪企业的商业战略和 CSR 计划的重要维度，并持续评估二者之间的关系。这个算法可以根据对组织的承诺和沟通，确认项目的成果。

七、不能忽视 CSR

本书的中心主题是投资管理业务的自动化，以及以战略性和规划性的方式来实现自动化。因此，技术的进步应当有助于改进管理 CSR 程序。几十年来，CSR 已经向世界承诺了一个更美好的未来。而人工智能可以提供向上拐点，进一步提升 CSR 的业绩曲线。人工智能的时代也可以是 CSR 的时代。

---

① 这个模型常用于解决多标准决策（MCDM）问题。

八、ESG 投资

对于基金来说，声称符合 ESG 标准很容易，但由此定义基金运营的标准要困难得多，最大的难点是基金要为投资者提供合理的回报。

一些研究人员认为，没有证据表明符合 ESG 标准的公司能提供更好的回报。即便存在这样的怀疑，投资行业也有一些相关的共识，即希望可以利用资本的力量来创造有意义的社会价值。

ESG 包括环境、社会和治理，其中对环境保护达成了一些共识，但当下对社会和治理这两个模块的认识仍然有些模糊。如果基金经理不关注社会问题，就无法公正地对待自己的基金，例如，某基金经理可能会认为，某一社会问题与社会中权力的分配有关，但投资者可能并不同意，如果基金经理设定的目标过于受自我意识的驱动，既可能会失去投资者，也可能找不到好的投资机会。这两方面都会对基金造成不利影响。

如果没有较为详细的 CSR 制度，资产管理公司则可以关注一些重点领域，如多元化、人权、消费者保护和动物福利，大类之下有各个存在差异的子类。联合国已经制定了 17 个目标的可持续发展议程，但是这些目标适用于资金管理，目前并未有成熟的方案。对此，投资管理公司可以通过研究以下三个问题来体现对社会和治理的关注：

一是价值驱动内含问题。可以根据价值驱动内含，确定某一事项是否属于社会或治理问题。可以将价值驱动内含视为对社会价值驱动因素的选取（纳入还是排除）。例如，让动物接受临床试验是否会违反动物福利？在贫困地区进行实证研究是否会构成侵犯人权？获取用户的个人信息是否会涉及人权问题？

二是定义问题。定义与价值驱动内含相近，但是视角不同。价值驱动内含指向涵盖的领域，而定义问题是指确定范围后如何定义值驱动因素。例如，如果选择武器制造作为负面的社会价值驱动因素，那么所有武器制造都侵犯人权，还是向侵犯人权的国家出售武器才构成侵犯人权？解决这个问题有助于定义变量。

三是测量问题。一旦定义了变量，下一个问题是如何测量社会影响，测量时使用绝对标准还是相对标准？

上述问题得到解决后，需要探究如何使实际回报超过投资者的预期资本成本（回报预期）。对上述三个问题的回答应该以某种方式与回报联系起来，这意味着要回答关于基金策略和目标的问题。而为了阐明策略，需要回答 ESG 方法问题，例如，该基金的运作目标是改变目标公司的行为，还是在试图谴责违规者？公司是内部建立目标还是遵循外部目标？最重要的是，如何将 ESG 战略的实施转化为竞争优势？人工智能可以成为回答这三个问题，提供确定三个问题与回报关系的解决方案。

九、如何发挥人工智能的作用？

公司可以利用机器学习来定义和制定 ESG 投资策略。概念化模型纳入社会/治理价值发现流程和最终机器学习模型开发流程。社会和治理流程首先要概述和阐明基金的战略，识别价值驱动、变量、测量都要符合对战略的阐述。根据这些措施，基金建立了财务业绩与驱动、变量和措施指标之间的联系。

在财务业绩（即产生回报）之间建立联系的流程，是在识别符合价值驱动、变量和措施标准的投资对象。假设某基金希望建立工作场所的平等，并将其作为社会价值的驱动，即将驱动定义为男女同工同酬和员工多元化，采取实际薪酬统计、将诉讼或投诉数量纳入公司业绩评价等措施。根据这些标准确定一组目标公司，作为投资组合的候选对象。然后，对投资组合进行模拟，研究其在不同市场条件和不同资产下的表现。一旦测试（或回溯测试）成功，就可以完全自动化这个流程。自动化的流程将根据指定的变量、措施扫描和收集数据，并为处理做好准备。这些算法将筛选满足设定条件的资产，并不断模拟投资组合回报，进而提供最佳的投资组合选项。此外，对于现有的投资组合，既可以从财务业绩的角度管理资产的风险，也可以从 ESG 的角度管理资产的风险。

人工智能的运用使基金的动态管理成为可能，动态是指具有不断评估社会价值创造和回报之间的关系的能力。主动投资和被动投资都可以使用这种策略。

十、需要防范的错误

为了实现稳定的回报，并保持 ESG 的价值贡献，必须注意以下五点：

一是不要套用模板或应付了事。投资者是聪明的，能够评估基金接受 ESG 政策的真正动机。无论是何种策略，都要满足这一点，不要做出不能履行的承诺。投资者能够判断出套用模板背后的不真诚。公司应当让社会价值创造成为竞争优势，对此需要制定适合本公司的制度框架。

二是不要忽略将回报与社会价值驱动、变量和措施相关联。无论公司在社会价值创造的哪个环节，都要把工作做好。公司要确保有明确、可辩护的制度，正确地定义价值创造对投资组合的意义。

三是正确理解数据和算法。数据和算法的选择可能造成分析的偏差，要有明确的处理偏见的策略。

四是对策略进行测试。公司要建立测试协议来测试策略，通过适当的回溯测试让模型可以在变化条件中工作，好的投资策略通常会出现过度拟合的问题。

五是人工智能本身可能成为压迫的工具。需要评估投资对象使用人工智能的方式是在创造社会价值，还是在破坏社会价值。目前，大部分公司都将人工智能作为重要议程，人工智能既可用于行善，也可用于作恶，因此，了解投资对象使用人工智能的方式很重要。

十一、结论

基于上述内容，建议采取以下五个步骤将 ESG 战略运用于投资组合：

1. 了解公司策略，确定环境、社会和治理的价值驱动、变量和措施。

2. 建立与回报相关的链接，研究如何将资产纳入 ESG 策略，并不断测试，不要套用模板。

3. 形成数据管理和预处理的最佳实践，按照本书推荐的职能分配来实施数据管理和预处理。

4. 了解如何协同多个模型，让多个模型协同工作以同步实现价值创造。

5. 认识到投资组合影响因素的变化性，并在发生变化时了解情况并主动管理。这种情况常见于底层分布变化，或者用于定义社会或治理环境的特征集发生变化。

第十八章 组织架构和项目管理

前述章节提到，人工智能转型不是数字革命的延续。潜在的竞争动态、经济、商业战略、商业模式和程序都在发生变化，如何经营企业成为需要重新思考的问题。前述章节讨论了如何在人工智能时代创造竞争优势。在本章中将讨论以下问题：第一，人工智能时代的组织变革；第二，人工智能相关领域的转型管理；第三，如何管理人工智能项目。

一、新的资产管理组织

关于资产管理公司的 CEO 应该来自投资部门还是销售部门，一直争论不休。最近，技术部门作为第三个维度被纳入进来。罗素·雷诺兹协会前招聘主管、Wilbanks Partners 的管理人 George Wilbanks 在其文章《谁应该成为 CEO？》中提道："在我最近参与的每一次 CEO 选聘中，董事会希望 CEO 能拥有更广泛的背景，同时有技术、人力资本、运营、战略等方面的经验。"

关于这个问题，罗素·雷诺兹投资管理部门的资深人员 Debra Brown 补充，技术人员出任 CEO 是很有可能发生的事情，且这个迹象已经在出现。资产管理公司认识到，随着几乎所有业务程序的自动化，技术和资产管理之间的界限正在模糊，逐渐融为一个整体。

然而，这种变革（技术人员出任 CEO）需要改变底层组织结构。根据观察，零售行业的几家公司聘请了来自亚马逊和其他电商的高管，但业务并未得到改善。

新的组织结构将对开展变革至关重要。根据美国人工智能研究所（AIAI）的模型，建议实现人工智能转型的传统资产管理公司搭建如下组织架构。

在这个架构中，有传统的职能性业务部门向 CEO 汇报工作，但这个架构的主要功能在设计和战略层面。此外还有向 CEO 汇报工作的投资和风险管理职能部门。此外，首席财务官（CFO）、首席人工智能官（CAIO）/首席运营官（COO）和业绩主管也将向 CEO 汇报工作。

CAIO/COO 是公司的新角色。从本质上讲，实现业务/职能和投资领导者战略的整个运营责任就在于此——为自动化和机器学习提供保障。数据、建模、评估、部署四个职能领域向 CAIO/COO 汇报工作。

由于设计团队直接向职能负责人汇报工作，因此总体战略会在这个层级制定和设计。CEO 办公室的业绩主管采取综合的战略展望来评估公司的集体表现。当设计团队完成 SADAL 并向数据团队交接时，就发生了工作程序的转移。数据团队是 CAIO/COO 的组成部分，数据团队通过改进 SADAL 来分析数据选项，随后向建模（模型开发）团队交接，建模团队完成工作后再向评估团队交接。一旦模型完成了评估，就会由部署团队负责部署。目前，部署团队一般由首席信息官领导。

二、为什么需要 CAIO/COO 这个角色？

本书把 CAIO 和 COO 的角色用"CAIO/COO"来表示，这将解决目前存在于各种角色和责任之间的混淆问题。如今，每个职能的负责人都在组建自己的数据科学团队。第一章提到，这种方式会导致人工智能的散化，并增加了总的持有成本、不必要的复杂性、故障的概率。为此，需要一个由 CAIO 主导的组织来为企业的机器学习构建商业能力。

本书坚持认为，机器学习和人工智能是未来最重要的价值驱动因素，因此，这一领域的领导地位不能被狭隘地视为仅仅是技术性的。传统公司经常将技术、业务和销售领域进行分割。但是这种做法不再适用于人工智能时代。硅谷的科技行业已经表明，技术人员往往都是精明的商人。

既然在未来，业务和技术的融合将成为趋势，那么将 COO、CAIO、首席信息官、首席数据官、首席技术官作为不同的职位是没有意义的。这么说可能很多人会无法接受，但仔细思考，如果整个商业战略都依赖于人工智能战略，而人工智能战略的用途是支持商业战略，那么从运营的角度来看，是不能将二者分割的。所有业务战略的执行和实施都将通过工作自动化来完成，这也是 COO 和 CAIO 可以为同一个人的原因。

三、什么在发生改变？

现代的投资管理公司的组织架构在发生变化。

1. 职能主管和设计：职能主管负责设计（第三章）并建立战略，职能主管所设计的战略由业绩团队进行整合和审查（第八章）。然而，根据本书的方法论，职能主管不应在部门内部建立数据科学团队，这就需要与内部的 COO/CAIO 团队合作，以实施和管理该职能部门的人工智能自动化。这样做的好处，就是带来了执行的规范化，降低了战略实施的成本，并形成行业的最佳实践。这也意味着，需要一个部门与外部人工智能供应商和人工智能顾问交涉。

2. 首席投资官也是类似的情况。首席投资官所承担的投资/投资组合的策略和设计工作可以转交给机器学习设备来完成。

3. 首席信息官、首席数据官和首席技术官在 CAIO/COO 的统一领导下工作，这也结束了首席信息官、首席数据官团队之间持续的竞争。实践中最接近首席信息官的角色是部署主管，部署主管负责人工智能的基础设施、硬件、生产环境、安全和隐私以及其他传统的 IT 职责。

4. CAIO/COO 的主要职责是建立和维护大型企业机器学习的生产线。CAIO/COO 提高了生产力（速度）、效率（能力）、协作（机器对机器和人对机器的交互）、适应性（解决方案和系统的适应性）以及自我意识（元认知）。

5. 业绩团队与董事会需要存在间接的工作汇报关系。

四、如何实现目标？

可以通过自主开发或者外包的方式来实现机器学习的转型。当然，转型是一个复杂的过程，需要关注以下环节：

1. 确定 CAIO/COO 的人选：CAIO/COO 的选择环节关系到资产管理公司的转型成功与否。CAIO/COO 需要同时具有人工智能和业务方面的背景，除了领导能力，还需要有丰富的管理和专业服务经验，这样才能提供专业的客户服务。传统的首席信息官可能不是 CAIO/COO 的最佳人选。CAIO/COO 的人选应当具有相当良好的机器学习背景，以及扎实的业务能力。

2. 整合数据科学领域的人才：第二步是将分散公司各处的数据科学人才汇集起来，对这些专业人员的技能进行评估，根据他们的技能将其配备到数据、建模、评估或部署领域。

3. 外部招聘：在人工智能转型中将需要许多新型的人才。在某些情况下，还需要开展专业培训，以提高现有劳动力的技能。

4. 建设大型生产线：生产线不仅是一种工作交接的线性机制，还需要工作程序的有效实施。这意味着，不同环节之间的工作交接应该顺利进行。

5. 最佳实践：新的组织由最佳实践提供支持，由最佳实践决定如何完成工作。例如，在设计阶段，SADAL 发挥了对设计阶段之后具体工作流程的指导作用。

6. 激励制度设计：新的组织需要重新设计激励制度，激励措施的衡量由业绩团队负责。

7. 业绩团队：精心设计的业绩团队将履行战略管理的职责，其设计见本书第八章。

8. 交叉培训：在人工智能时代，交叉培训的重要性将会上升。人工智能和业务团队之间，人工智能和 IT 团队之间，都要进行交叉培训。这里需要注意，人工智能或数据科学人员并不必然有 IT 背景。IT 人员也不一定能理解人工智能，或者能够开发、设计人工智能系统。人工智能/数据科学领域的专业人员擅长数据科学相关学科，如数据预处理、算法、学习技术和优化算法，可能在数据科学、认知科学、神经科学、统计/数学、人工智能或其他工程或科学领域拥有专业或学术背景，通常都有博士水平。

人工智能时代的第二类专业人士是能够理解如何用人工智能来推动公司变革和创新的商业领袖，笔者希望通过本书培养这样的人才。由这些专业人士来领导和推动人工智能变革。

五、新组织的架构相关问题

建立人工智能时代的投资管理功能，必须考虑如下方面：

（一）领导角色变换：扬弃还是守旧？

以自动化为中心的转型正在挑战传统的职能角色和管理风格，因为机器不需要以人为中心的组织所需的人员结构。自动化还将消除公司中现有的以职能为基础的部门划分方式。此外，拒绝变革的传统领导人可能会被精通人工职能动态的领导人所取代。许多组织都聘请了董事或副总裁级别的人员来负责创新或工作类型的迭代，但这不是正确的转型方式，新聘任的人员通常没有预算、团队，也没有对传统部门的影响力、人工智能的背景，进而导致没有能力实现预期目标。其他有人工智能背景的人员要么过于专注技术，要么受困于官僚主义。20 世纪 80 年代的 ERP 系统和 90 年代末的互联网革命表明，不能由纯技术人员来引领变革，浅尝辄止。人工智能不是一种噱头或者炒作的工具，而是一种时代的变革，关乎公司里的每一个人，都承担着转型的重任。领导者应当具备关键的技能来引领公司开展人工智能转型。对于每个副总裁或职能部门的主管，内心必须有全面的人工智能转型计划。公司的每个领域都必须敢于想象和创造、发挥潜力，进而为股东创造巨大的价值。

为了实现这样的人工智能的转型，CEO 必须坚持以人工智能为中心的战略转型思维来领导各自所在的组织。不能从项目的角度来看待人工智能，许多咨询公司都陷入了这个误区，不少机器学习平台的销售团队也从项目角度来完成销售。以项目为中心的思维方式不具有战略性，因为这无法产生竞争优势。应当由战略来引导项目，而不是反过来由项目来引导战略。

需注意，数据是工具而不是目的。

（二）工科 VS 商科

很明显，新的公司架构将由数据科学家和人工智能人才组成。许多传统的（非科技类的）公司主要是围绕商科毕业生建立起来的。在许多公司，技术人员经常给人留下缺乏人际交往能力、没有商业头脑、没有管理和领导能力的刻板印象。

这种刻板印象其实是不公正、具有误导性、有问题的。在人工智能时代实现公司转型的过程中，CEO 和 HR 必须协助提供条件，促进专注技术的人才（通常是博士）成为企业文化的一部分。对成熟的资产管理公司来说可能比较容易，对于其他公司，可能需要做一些努力。

（三）科学 VS 伪科学

在人工智能的转型中，实现以数据为中心的决策机制是最需完成的变革之一。因为在非投资领域用科学取代人类直觉将会面临挑战，所以需要开展新的培训。此外，还有一些领域，我们会将伪科学误认为是科学。例如，许多咨询公司调查来自不同公司的高管，并根据这些调查宣布高管所在的公司应该接受什么和做什么。但是实际上不能仅仅根据对高管的调查来规划公司的未来。原因是：第一，这些调查可能不是以科学的方式进行的，且可能存在偏见；第二，反馈的过程可能包含偏见；第三，调查结果可能只能显示同业和竞争对手带着局限性的思维，同业和竞争对手可能无法提供实际所需的突破性思维。

（四）对人工智能的投资

显然，组织架构的变革将需要新的投资。CEO 和董事会应该认识到，这种投资对业务的可持续性来说是十分必要的。人工智能正在改变商业世界，不能只是接受变革，而是要去引领变革。所需的投资金额可能要比先前 ERP 或 CRM 系统、互联网转型阶段的更大，但是这又是一条必然要走的道路，我们别无选择。

六、机会管理

人工智能的转型还需要复杂的转型管理计划。具体来说，从转型管理的角度来看，有三个领域值得关注：失业、工作规划和技能更新。

（一）失业

随着领导层和团队对人工智能的关注，需要考虑一个问题——自动化是否会导致失业？这个担忧不是没有根据的。毫无疑问，自动化将会导致许多工作岗位被取消，领导层也不能通过谎言来掩盖事实。许多领导层会声称人工智能不会取代人类，只会节省人类的时间和精力，以便人类能够专注于自己更感兴趣的领域。这其实就是一种误导，虽然有部分的真实性，但这并不是全部事实。自动化确实会导致部分工作岗位将被取消。在此情况之下，需要对人工进行再培训，保证其在人工智能经济中仍能对公司产生价值。

（二）工作规划

为了推动创新，要以新的视角看待工作规划。首先，根据职能划分查询所有主要的工作程序。根据价值创造目标确定任务，确定工作规划中能够实现自动化的部分。这个过程需要对职能和工作进行逐个梳理，详细规划哪些工作程序、任务和职位可以用自动化程序来代替。在公司内部对人工智能产品进行登记，可以看作这是在对数字劳动力进行追踪。

（三）技能更新

人工智能转型带来的巨大变化提出了对人员的持续培训要求。业务人员和 IT 人员都需要接受持续的培训。培训的内容不仅涉及机器学习，还要理解人工智能带来的商业形态变化。高管们也可以从相关的培训（引领人工智能转型的培训）中受益。

七、人工智能项目管理

人工智能的项目规划和领导有七个步骤（图 18.1）：

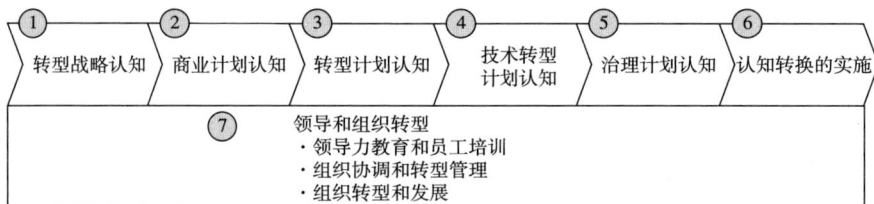

图 18.1　人工智能组织架构规划

第一步是转型战略认知。这个步骤首先定义了未来的转型任务、方法和愿景。这个步骤由设计和业绩团队来负责，并由 CEO 领导。

第二步是商业计划认知。这个步骤将战略与执行层联系起来，由业务团队和职能部门制定，由设计、业绩团队和 CAIO 进行管理。

第三步是转型计划认知。业务计划用于项目开发，根据战略优先级和公司的运营带宽对项目进行优先级划分。根据经验、价值、复杂性和客户需求来安排项目。

第四步是技术转型计划认知。技术转型计划主要针对 CAIO 办公室，具体包括数据、建模、评估和部署四个环节。

第五步是治理计划认知。人工智能给公司治理带来了挑战（下一章将进行详细介绍）。在这个步骤中，公司需要制订一个全面的人工智能治理计划。

第六步是认知转换的实施。这个步骤由 CAIO 来管理，包括硬件、架构、安全、技术堆栈等技术资源的具体设计，人工智能工件将在项目的这一环节被开发和实施。

第七步是领导和组织转型。在这个步骤中，公司设计并实施领导力、员工教育、组织协调、转型管理、再培训、再培养和组织发展等方面的规划。

第十九章　公司治理和道德规范

公司治理和道德规范是人工智能时代的重要内容。人工智能转型带来的商业变化涉及公司治理和道德规范问题。对此，需要关注以下内容：

1. 通过人工智能实现公司治理；
2. 对人工智能的治理；
3. 商业道德。

需要注意"用人工智能治理"与"对人工智能的治理"之间的区别。前者是指用人工智能实施公司治理，后者是指人工智能本身的治理。

一、利用人工智能实现公司治理

公司治理的自动化规划应当建设八项职能：董事会的形成和有效运作、执行层的监督和制衡、内部控制、风险管理、监管合规、问责和透明度文化、客户保护以及环境、社会和治理（ESG）。由于ESG在第十七章中有详细的介绍，本章不再赘述。

（一）有效的董事会

董事会的不作为会造成公司出现治理问题。董事会失职，既有注意义务的缺失，也有诚信义务的缺失。注意义务的缺失来自董事会的懒惰、冷漠或者疏忽，诚信义务的缺失来自董事会的欺骗行为。值得高兴的是，人工智能为组建和运行有效的董事会提供了机会和方法。接下来将详细介绍如何通过人工智能来管理董事会。

1. 董事的选任。利用人工智能分析公开可用的数据，选择董事会的成员（董事）。智能系统分析潜在董事的背景，并根据他们的能力特长进行分类。可以利用算法分解公司的治理需求，通过挖掘董事会文件、公开获取的信息和公司内的其他数据，评估公司的实际需求。结合上述信息，人工智能工具可以为董事会提供最适当的成员匹配。当然，这种方式也可以用作对现有董事会的持续评估。

2. 董事会的独立性。对董事会独立性的评估可以分为两块，分别是董事会提名成员的独立性评估和董事会现有成员的独立性评估。换句话说，独立性并不是一个静态的概念，人们的商业关系和个人关系都在不断发展。某一种分类算法可以将董事分为不同的小组，显示出潜在的冲突。某一种无监督式算法可以在后台工作，捕获各种未知或未被怀疑的潜在关系。所使用的数据都来自公共来源。

3. 利益冲突。超越了独立性的利益冲突会影响董事会决策。为了捕获利益冲突，第一步是设计一个简单的基于自然语言处理（NLP）的实用程序，从决策程序中创建关键字检索，以确保命名实体识别（NER）可以提取实体。第二步是使用公共数据，部署一个单独的算法来检索决策者和NER是否可能存在任何利益冲突。

4. 人的个性因素。算法可以评估和估量人的个性，其实实现这一目标的方法很多。有一种算法可以分析管理团队和董事的通信记录，检索诚信、道德、价值观和与个性相关的词汇。该方法已被用于研究盈收电话会议，通过语言和声音模式以及管理层讨论与分析等文件。研究还发现，与非欺诈性披露相比，欺诈性披露会使用更多的激励性语言和文字，倾向于使用描述性和愉悦性语言，以及群体参照的方法，欺诈性披露的实施者会为了提高可信度，更少传达实际内容。

5. 多元化。多元化不仅关于种族或性别，还包括成员意见的多元化。可以通过某一算法来审查董事会是否存在群体思维①。群体思维是危险的，尤其是在投资领域。新的技术可以帮助确保董事和管理团队不会受困于群体思维，其中涉及NLP。

6. 董事会在公司管理上的有效性。衡量管理有效性的方法之一是开发一些定量和定性的度量指标，并让算法跟踪这些指标，其中需要使用董事会会议记录所载的数据。这样做的目的是跟踪董事的贡献。通过挖掘数据进行识别是提取战略要点的方法之一。

7. 沟通。分析董事会的内外部沟通记录，并对其进行分类，以研究沟通的文化、伦理、商业和其他属性。

8. 在内部审计中的角色。内部审计属于董事的职责范畴，董事会要对内部控制承担监督责任。对此，可以开发一个算法来跟踪董事会监督内部审计的行为，同时观察董事是否独立于审计单位的评估工作。

9. ESG。详见第十七章。

---

① 群体迫于从众的压力，对不寻常的、少数人的或不受欢迎的观点做不出客观的评价。

（二）正确的制衡

1. 薪酬。薪酬的自动化评估，可以评估公司的薪酬政策是否公平和具有竞争力。如果公司能够访问这些数据，可以部署算法（监督、回归）来计算并提出薪酬建议。

2. 利益冲突和战略一致性：评估公司做出的决策是否符合客户的最佳利益。设计并实施人工智能产品，确保考虑到客户的最佳利益。具体产品会因公司而异，并以战略为中心，通常适用于以基本面为中心的战略。战略相关的数据可以用来预测投资是否与声称的战略相一致。

（三）内部控制

审查内部控制。自动化的内部控制评估具有显著的技术潜力，具体内容可以参阅本书作者关于人工智能审计的出版物。

（四）风险管理

关于企业风险管理和人工智能的要点如下：

1. 人工智能为非理论风险评估的评估提供了路径，非理论风险是指因不存在理论框架而无法用理论识别的风险。典型的风险评估需要以支持现有理论的假设为基础。但是有了人工智能，就可以识别出不知道、不存在的事物。

2. 开发用于风险管理的应用。可以使用适当的数据和资源，在公司内部部署有效的功能，运用人工智能应对市场风险、信用风险、合规技术风险、声誉和运营风险。可以主动管理交易方面的合规风险。

3. 有效的企业风险管理人工智能战略对现代资产管理运营至关重要。

（五）监管合规工作

合规技术也会像公司治理的其他领域一样，在采用时出现混乱的状态，缺乏战略或战略的有效性不足。Arner 等（2017）对这种现象进行了描述：截至目前，合规技术主要关注手写报告和合规流程的数字化，降低金融服务业和监管者的工作成本。然而，合规技术的潜力远不止于此，合规技术可以帮助实现实时和与风险成比例的合规管理，帮助识别和应对风险，提升监管合规的效率和效果。实现合规技术自动化和战略性的方法如下：

1. 跟踪立法和监管。开发和部署监管情报追踪工具，收集立法和监管动态方面的信息。可以由专门的监管和立法数据供应商为追踪工具提供数据，也可以自行从公共来源收集数据。追踪工具的目标是帮助实时了解重要的立法和监管动态。设计追踪工具有三个步骤：第一，开发爬取工具，从各种相关网站中提取和整合数据；第二，根据内容对数据进行分类；第三，分析数据以提取重要的细节。分析的结果将跟踪公司所面临的机会和风险。追踪工具还分析与情绪相关的支持意见和情绪，分析支持意见和情绪的来源人群和感知方式。

2. 自动化的沟通工具：可以在社交媒体上为公司设计智能的宣传工具，传达公司对某些立法动态的观点和立场，同时跟踪互动信息和公众反应，以了解各种立法背后的含义和未来的监管趋势。

3. 现行规定的分析：使用 NLP 分析现行有效的监管规定，评估规定是否存在重复或矛盾。如果公司能够跟踪全球的信息，可以涵盖其他国家的监管要求以及全球标准。这个做法有助于生成基于多维属性的监管规定索引。换句话说，可以从不同的角度来比较和对比监管规定，而不是以线性的方式。这些角度包括客户类型、结构、资产类别、地理位置、代理机构、渠道、客户和产品。

4. 使用机器人流程自动化（RPA）来实施需要特别考虑的监管协议，然后使用以机器学习为中心的验证来验证监管协议的准确性。RPA 得出总数和余额后，由机器学习对相对准确性进行合理性检查。通过智能的特征选择，评估 RPA 得出的数字是否有意义。

5. 战略部署。分析公司的管理框架，并比较其劣势和优势。评估现有的管理框架是否存在薄弱环节，这可以分为两个部分：第一，用人工智能确定框架本身是否健全，通过 NLP 对监管数据进行评估，以确定框架是否对监管保持充分的关注；第二，观察公司管理框架的实施情况，可以使用企业数据（电子邮件、通信和其他数据）来查看某项法规的提及频率，衡量公司对各类规定的精力分配，即帮助确定最熟悉的规定。显然，这都是对公司行为的衡量，但我们认为必须配备更标准的衡量方式。一般情况下，一项根据监管规定需要通过数学或演绎来计算的措施最好结合：（1）与推理间接相关的变量所指示的合理性检查措施；（2）显示对于某项监管规定的精力分配和组织意识的文化和组织措施。除了自动化运行外，这种方法与审计的工作方式并没有什么区别。人类可以通过研究这些结果来评估合理性。建议根据主要监管目标来探索内部管理框架，这些监管目标包括金融稳定、审慎安全和稳健、消费者保护和市场完整性、市场竞争和发展。

6. 合规技术的整合：碎片化的合规技术，比如有的合规技术只针对投资和交易，无法形成有效的体系。本书第三章讨论了人工智能的协作性和自适应性。有了元认知，人工智能的综合视角可以提供更有效的控制和更健全的监督框架。

7. 模拟风险：应该从企业风险管理的角度来探讨合规技术。可以利用人工智能控制环境，在虚拟组织中模拟和评估企业风险。可以通过模拟执行合规审查、生成故障场景，评估现有框架的脆弱性。

8. 审计跟踪：开发使用元数据的工具来分析系统的使用情况，如使用的主体、时间、地点和目的。使用流程挖掘来提取流程，将流程数据提供给分类器，让分类器根据风险对这些流程进行分类。跟踪系统显示可疑活动所在的区域。结合使用元数据和事务数据来评估支持管理变更所需的程度，与传统方式下对管理变更影响的定性和定量评估相联系。

9. 合规测试：在模拟环境和真实环境中都进行合规测试，同样要使用如下方法：（1）计算演绎测量值；（2）合理性审查验证；（3）评估文化和组织元素。

（六）问责文化

麻省理工斯隆商学院发起了一项研究——衡量和比较不同公司的文化，这项研究被称为"文化500"。在这项研究中，麻省理工的研究人员使用 NLP 来评估价值，评估的价值维度包括敏捷性、协作性、对客户的关注、多元化、执行、创新、诚信、业绩和尊重性。研究人员使用了 Glassdoor[①] 上公司员工或前员工评论中的数据，对发现的模式进行文化分类。为了保障正常工作，研究人员开发了自定义手工编码功能来训练算法。以上是关于如何部署算法来评估公司文化的一个举例。可以通过机器学习和数据挖掘电子邮件等文本信息，预测组织中的员工行为。组织的权力架构、影响和非正式的社会互动可以单独进行分析。

（七）股东/客户的权益保护

1. 与股东的沟通。分析与股东的沟通记录，了解自己存在的偏见。深入了解自己的风格和语言模式，确定是否使用了最好的沟通方式。

---

① 美国的一个企业点评和招聘平台。

2. 表决：深入了解表决的模式，是否对表决模式设置了标准？为什么要设置这样的标准？在表决层面，人工智能可以发挥两项作用：（1）帮助识别行业的表决模式；（2）提供显示表决模式与预先声明的战略和价值的相符性所必需的研究。

（八）ESG

ESG 相关内容详见本书第十七章。

二、对人工智能的治理

现阶段最大的问题不是如何使用人工智能来协助公司治理，而是如何对人工智能本身进行治理。本书强调了对人工智能的需求，展示人工智能的应用，并提供进行以人工智能为中心的公司设计的愿景。不过最重要的问题还是对管理者的管理，换句话说，就是如何管理人工智能。对于这个问题，众说纷纭。许多大型技术公司曾试图通过董事会进行有效的管理，但效果不佳。本书认为，金融技术和资产管理公司应该在其董事会设立人工智能治理委员会，并为人工智能治理适用全球标准。

2016 年，本书作者开发了一个模型，现在是美国人工智能研究所（AIAI）的人工智能治理的官方模型（图 19.1）。这个模型主要有三个模块：一是技术的性质和功能，二是技术的社会动态，三是技术对人类系统的影响。

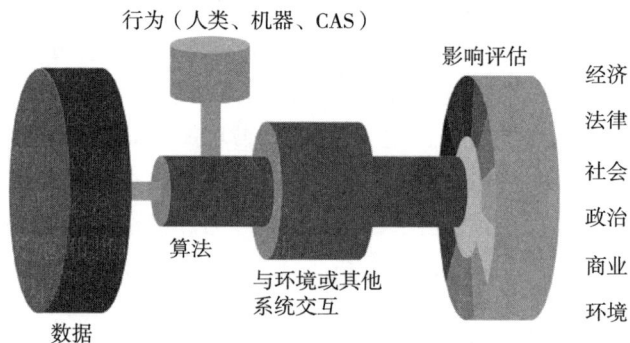

图 19.1 治理框架

（一）技术的性质和功能

技术在性质上由数据、数据分布和算法组成。这里主要介绍人工智能产品的功能，具体来说，产品根据目标来选择应用的性能。这里衡量人工智能产品对人类使用和消费是否稳定和安全（图19.2）。安全是指产品不能损害人类或人类的利益；稳定性是指应用程序将在其整个生命周期按照设定的目标运行。换句话说，人工智能产品不能背离设定的目标。安全性和稳定性都需要通过透明度（知道产品是安全和稳定的）和问责制（能够证明产品是安全和稳定的）进行分析。

安全	用流程和产品评估安全性 ·知道是安全的	用流程和产品创建以安全为中心的透明度 ·可以证明是安全的
稳定	用流程和产品评估稳定性 ·知道是稳定的	用流程和产品创建以稳定为中心的透明度 ·可以证明是稳定的
	问责制	透明

图 19.2　安全和稳定模型

此外，要设计适当的机制跟踪：（1）产品训练所依赖的数据分布与产品训练内容是否相符；（2）算法是否保持相关和优化；（3）解决方案是否能够保证所使用的特征已经穷尽，且已经识别出的特征不存在可能降低现有结论价值或有用性的情形；（4）问题和解决方案之间的映射关系，能否保证与解决方案的方法保持相关。机器的思维有时无法确定。在深度学习系统中，按照当下的技术水平，有时无法解释神经网络的状态，因此即便可以观察输入和令人印象深刻的输出，却无法解释为什么机器会做出这种决定。

也就是说，对于必须解释机器决策原因的领域，这种系统可能不是较优的解决方案。不过，即使在这些领域，使用深度学习解决方案作为一种宣传媒介（在人类的决策管理下），或作为理论建立所需的知识输入，也不失为一个好主意。科学家们正在努力开发可解释的人工智能（XAI），有助于消除不可解释的局限性。AIAI 将治理定义为稳定和安全的人工智能产品发展和存续的行动和过程（图 19.1），这里包括产品和服务。这个定义涵盖了人工智能的用户、设计者、支持者和开发人员所扮演的角色。

安全和稳定这两个要素不是事后考虑事项，必须在人工智能系统设计开始就有正确的判断。总之，安全和稳定这两个维度与问责制和透明度这两个维度之间的交互，提供了能够了解和证明安全性和稳定性的四个重点领域——安全、稳定、问责、透明。

（二）技术的社会动态

机器会与其他机器交互，也会与人类交互。从风险和治理出发，需要关注机器间交互和机器与人交互。人工智能的治理不仅要捕获机器的认知，还要发掘机器的行为和社会动态。这些社会动态可以以多种方式展开。理解多个人工智能产品作为一个社会（群体）的相互作用能力对于管理多智能体系统至关重要。此外，理解和管理社会动态也很重要，因为机器和人类互动的配置是一个复杂的自适应系统（CAS）。

CAS 是一个系统，意味着理解部分并不一定能理解整体。CAS 是非线性的动态系统。复杂性的米源是智能机器和人类之间交互的动态网络。这些系统是适应性的，因为它们具有自组织和涌现的特征。

（三）技术对人类系统的影响

人工智能治理的第三个维度是它如何影响人类系统，其中机器行为的影响是一个重要方面。机器的行为可以影响社会、经济和政治决策、框架和机构、组织和文化。换句话说，机器的思维是一回事，机器的行为则是另一回事，需要探究机器的思考和行为所产生的后果。人工智能的影响分析提供了确定技术对各种人类程序的影响或后果的机制，这些影响和后果的维度包括经济、政治、法律、社会、商业和环境。

三、从实用主义的角度构建伦理问题

智能机器是否会改变现有的道德框架？如何实施机器的道德框架？这两个问题是人工智能道德规范的两大基础性问题，也是智能自动化新时代的部分最重要的考虑因素。虽然新技术和人工智能时代的前景值得高兴，但从治理的角度出发，必须解决以下问题：

1. 在智能自动化的背景下，道德意味着什么？机器即使是智能的，也没有意图，因为机器是根据人类的意图进行部署的。既然机器没有意图，如何将道德规范与机器联系起来？

2. 如何从道德规范的角度来审计机器？人类的意图和道德在审计中扮演了什么角色？

3. 智能自动化改变了商业的风险特征。现代商业引入了前所未有的风险。例如，金融市场会闪电崩盘，市场会遭受重大损失就是几分钟的事情，这些不利情形的发生都可以归因于自主和自动交易。如果公司没有违反道德规范的行为，而是机器和人类的综合效应造成了重大不利后果，这时应该如何理解道德规范？

4. 智能系统还会形成新的高强风险。这种风险不是典型的固有风险，因为它不是商业功能或流程中固有的，而是由对手有意地诱导和注入商业的。这跟传统的网络安全风险类似——遭受竞争对手的网络攻击。但是，新型风险与网络安全风险的不同之处在于，新型风险可以无视防火墙，也就是说对于这类风险没有任何保护措施。本书将这种新型风险称为"无墙非对称风险"。"无墙"表示风险通常无视防火墙，对手可以战略性攻击一个公司的盈利或实现目标的潜力。攻击方式可能是传播公司产品和服务的虚假和误导性信息，导致各种利益相关者产生恐惧和不安情绪。随着这种攻击在社交媒体上的病毒式传播，该公司的价值可能遭受严重破坏。而这种攻击通常是由机器的行为来实现的。消除或平息这种攻击的补救措施往往跟不上速度。

四、人工智能领域的道德风险

人工智能领域道德风险的最显著问题包括个人分析、性别歧视、歧视、偏见和偏执。其他不太显著的道德规范问题包括：

1. 开发和操纵的风险。由于机器能够处理大量的人类相关数据，拥有建立深层次档案的能力，可能会被用来在社会中制造愤怒和冲突。例如，在选举期间，利用假新闻和专项竞选活动在民众中激起愤怒和仇恨情绪。

2. 过度依赖技术的风险。人类有时会过度依赖技术，以至于丧失本能的判断能力。

3. 失业和财富再分配风险。自动化是失业的主要风险来源。金融部门正在减少数十万个工作岗位。随着财富集中的出现，社会结构可能遭受重大不利影响。

4. 腐败风险。人工智能还可以使犯罪分子和欺诈者通过更强大的技术实施欺诈和腐败行为。

5. 军事化风险。军方将人工智能用于军备竞赛和不负责任的武装化。

五、人类与人工智能

在进一步发展人工智能之前，需要考虑人工智能对人类可能产生的如下影响：

1. 尊严。当人类觉得自己落后于机器时，人类的尊严和自我形象可能会遭受负面影响。例如，一个人在机器人面试中没有通过，或者一个人的工作被机器人取代，在人与人之间的互动中，人类通常知道如何在不损害对方尊严的情况下表达"困难"的信息，但机器没有这样的同理心。又比如，如果是机器人挂电话，会直接说"请稍后再拨"；如果是一个人，在挂断电话之前会解释原因，或者至少为不能提供帮助而道歉。另外，还要从人类的角度来看待互动，比如来自机器的道歉并不会产生相应的效果，甚至适得其反。

2. 隐私。机器处理大量数据的能力既具有高度的侵入性，又可能导致对隐私的侵犯。建立关于公平、授权和透明使用数据的标准将对人工智能的道德约束大有帮助。

3. 安全。人工智能系统的安全性是一个关键问题。例如，自动驾驶汽车的交通事故引发了人们对自动驾驶可行性的担忧，波音737MAX坠毁可能是由自动控制系统故障造成的。

4. 人际关系。人工智能影响人类建立和管理人际关系的方式。例如，约会App使用算法来实现匹配。长此以往，人类会不会失去人际交往的本能？

5. 诱使非理性。人工智能可以通过极端个性化的活动来调用情感，劫持人类的情感和理性。

6. 价值观。人工智能可以重新定义社会价值观，并创建替代的价值观体系，这可能与人类文明长期认同、秉承的价值观不一致。智能感知可以打破社会群体之间的现有纽带关系。

7. 网络安全。近年来，网络攻击的规模和复杂性都越来越高。

8. 权力分配。人工智能可能会赋予政府机构对个人和公司过多的控制权。

六、道德规范

本书主张，每个资产管理公司都应该考虑在其公司价值、治理框架和道德规程中增加人工智能的维度。AIAI 制定了如下道德规范，供参考使用：

1. 为人类谋福。保持人类对机器的优势，确保技术是为了造福于人类，不在可能增加人类痛苦、削弱人类尊严和隐私、强化剥削的领域中使用、设计或启用人工智能技术。

2. 人类保护。保护人类和机构免受技术在社会、政治和经济领域的滥用。

3. 更好的世界。保持自然生命形式高于机器，用人工智能创造一个更美好的世界。一个更美好的世界要确保自然生命形式的繁荣，而机器和不那么智能的自然生命形式可以在一个安全和健康的环境中共存，从而与人类生命形式以安全的方式隔离。

4. 保密性。对公司和公司内外部客户的专有数据和算法进行保密管理。

5. 合规。保证公司的经营遵守所适用的法律法规。

6. 偏见。保证设计和使用的人工智能产品不会因为宗教、性别、民族、肤色、种族、传统、性偏好和其他类似因素产生偏见。

7. 学习。不断提高技能，建立和维持对公司和客户的价值。

8. 道德。保持最高的专业标准和道德规范。

除了以上框架，人工智能还可以用来估量公司中道德规范的应用，以及是否存在滥用现象。坚守道德规范也会对投资策略和品牌产生很大的积极作用。

第二十章　适应和涌现

本书讲解如何建立一个超现代的投资管理公司。可能读者会有疑问，现在的资产管理公司或投资管理公司没有实现现代化吗？几十年来，金融行业的公司一直在投资于数字化转型。CEO吹嘘自己的数字能力，许多公司也都宣布了自动化项目。

大型的公司管理着数万亿美元，在内部精心地划分了各司其职的职能部门，每个部门都有各自的主管、业务计划和部门目标。此外，还有项目管理办公室和卓越中心被精心地嵌入日常运营中。公司运营和最佳实践的工作程序得到了记录、观察和遵循。显然，所有指向现代性的事物都已经存在了。为什么要挑战现状？为什么要摇晃那艘看似平稳前进的大船呢？为什么要对这台动力充足的机器进行修补呢？

现实情况是，这机器绝对称不上运转良好。事实上，我们长期痴迷于寻找以因果为中心的关系，将功能和业务作为这台机器的齿轮来架构，但实际并不能满足现实的需求。当下的职能部门设计以及职能部门之间的相互关系在很多情况下都无法满足现实需求。从战略上的弱点到战术上的误判，从灾难性的失败到系统性的崩溃，不少公司在每次市场失灵时都步履蹒跚或者屈服。有的时候，公司本身可能也是问题的一部分。

可以做这样一个假设：人类现在所拥有的知识、商业、计划、工作方式突然无法匹配现实。也就是说，塑造商业的力量转变到商业几乎无法识别的程度，人类长期依赖的底层框架和模型变得不匹配。本书就做了这样一个假设，从一个完全不同的角度来呈现投资管理。

做出该假设的理由很简单。在客观世界里，目标和数据的联系可以不以人类的思维或行动为前提。在客观世界，是数据塑造现实，而不是现实塑造数据。在超现代世界中，不再需要根据业务属性划分部门，不需要研究程序之间的因果关系，也不需要在创建系统之前首先要设计好业务体系。而是由数据来塑造业务，由数据为业务和业务模式搭建结构，由数据决定产品开发及销售的对象，由数据提供战略支持。这种自下而上的方法意味着自上而下、以人为中心的战略和战略设计不再适当。一种新的模式和新的现实正在形成，这一新现实是由了解、理解和使用数据而以自下而上的方式建立的，让智能机器能有效利用数据来执行工作。在新模式之下，对于机器部署而言，数据不再是目标，而是手段。

资产、财富或投资管理公司，在"超现代"和"现代"两个语境下有显著的区别。超现代资产管理公司对数据的反馈是自下而上式的，根据公司的战略目标和数据来建立工作流程。换句话说，在原模式中，公司首先建立工作流程，再去组织和分析周围的数据，而新模式的这个过程是相反的。在新模式中，公司首先设定目标，然后根据已经拥有和可以拥有的数据，以及这些数据体现的价值，来建立工作程序。

一、变革真实存在

人工智能革命正在席卷全球。关于人工智能的资料随处可见。人工智能的出现，重新定义了商业的运作方式。在某些方面，人工智能正在修正经济的基本假设。人工智能时代不仅仅是自动化，而且是以一种完全不同的方式经营业务。人工智能涉及的是新的商业模式，是强大、意想不到的创新。

人工智能并不是一项新技术，只是人工智能的广泛采用和应用是一种新的现象。人工智能时代不是由技术的发展所标志，而是人工智能成为主流、被广泛采用。人工智能技术的广泛应用于手机助理、汽车自动驾驶领域。以 Siri 为例，用户可以指导 Siri 执行各种工作。当你发出口头命令时，Siri 会按照你的指示执行；但与此同时，Siri 还会学习你的口音、语言模式和声音。Siri 所使用的应用程序还可以通过地图 App 了解你的通勤习惯。

让产品和服务学习和积累经验，不同于产品或服务的系统化或自动化。数字革命是计算机的自动化，但这种自动化仅限于根据编程代码处理数据。如果程序逻辑中的各种路径都可用，那么程序员将使用 if-then 语句来指导程序采用正确的逻辑路径。这个过程并不涉及学习知识，因为这个过程没有经验的积累，没有机制来预测新的路径或确定新的和未知的解决方案。如果编写一段 if-then 的代码来驾驶汽车，其实无法做到识别驾驶过程中可能发生的每一种情形，更别说一行一行地编写代码来指挥行驶。但是机器学习不是通过下达 if-then 的指令来指导计算机工作，而是教计算机从数据中学习。二者之间的区别是有重大意义的，因为正是这个区别将数字时代与人工智能时代划分开来。在数字时代，人类实现了自动化；在人工智能时代，人类将实现智能自动化。

与传统的大银行、政府机关和投资机构相比，金融科技初创公司和一些国有企业更能理解人工智能时代的需求。对于许多大型银行、投资经理和金融公司来说，自动化的愿景仅限于让机器人流程自动化团队对简单的可重复的过程进行自动化，或者作为量化团队的实验工具。如果智能自动化的潜力和目标如此有限，那么这就不是一场大革命。人工智能模型在投资评估、机会识别、投资组合和风险管理方面的应用已经持续了几十年；然而，人工智能模型是高度专有的，通常由小团队紧密把控。人工智能领域的知识，虽然服务于公司的利益，但不一定会在公司内共享。一般情况下，会由开发这类解决方案的研究人员组成的小型团队拥有人工智能的相关技术知识，并从中获益。

但世界正在改变。基于人工智能的自动化正在成为一股强大的力量。面临着来自创新型竞争对手各个角度的利润蚕食，传统公司的经营风雨飘摇。传统公司已经非常关心生存问题，知道要开展智能自动化改革，但又不知道具体要如何操作。

本书从战略的角度介绍智能自动化世界，以及如何调整整个运营体系。另外，人工智能转型的完成不在一夜之间，也不需要适用本书的所有内容并立即实施。本书的真正意义在于，给参与资产管理的人员提供一种不同的思考方式，介绍如何做好建立现代公司的规划。

本书希望读者认识到，仅将人工智能应用于公司的部分领域是不够的。将人工智能解决方案部署在一个功能领域或部门而忽略其他领域，不会取得较好的效果。这个道理与制造业的供应链原理相似，在供应链中，如果只是提高供应链某些部分的效率，整个供应链的性能并不会得到改善。同样地，如果在零散的基础上推进人工智能应用，人工智能并不会为公司创造变革型的价值或者为公司带来巨大的竞争优势。因此，只有全局性的智能自动化战略才能帮助公司在人工智能时代激烈的竞争中顺利前行。

二、复杂适应系统

人类生存在一个复杂的世界。事实上，可以把世界描述为由数十亿个人类代理和数万亿个机器组成的世界，并持续地相互作用。它们可以看作部件、微段或微模块（以下也称部件）。当部件相互作用时，就会形成一个动态的系统，科学家称之为复杂自适应系统（CAS）。CAS 不能用线性的因果关系来解释。预测这些部件很有难度。单个部件的知识无法聚合为整体的知识，因为整体显示出的特征可能显著不同于部件，甚至是基于部件集成的线性关系或因果关系。部件具有稳定性，这意味着当部件与外部环境相互作用时，部件会抵抗系统级别的变化——至少在一定程度上。但是随着变化的实际发生，部件会尝试破坏稳定或改变 CAS 的状态。微量的互作用力量有限，但当大量的互作用结合起来时，力量就会加强，就会发生 CAS 转变——科学家称之为"涌现"。

为了运用好 CAS，需要对这个系统中人类的角色和互动有一定程度的认识。人工智能提供了一种方法来形成对周围环境复杂性的认识状态。此外，人工智能在涌现实际发生时，可以提供一定程度的反馈，告知涌现是否正在发生。如果没有人工智能，人类理解现实需要消耗大量的精力，降低了建立、追求和执行战略收益的可能性。因此，必须抓紧行动。

三、我们关于新冠肺炎疫情暴发的预测

美国人工智能研究所（AIAI）对新冠肺炎疫情不利影响进行了理解和预测。如果人类的意识，无论是在个人层面还是在集体层面，都视为一个复杂的适应性系统，那么关于新冠肺炎疫情不利影响的信息就必须对抗所有其他的干扰项。这种对抗意味着信息交换是在各个代理之间进行的，而这种信息交换的某些模式可能会导致系统转变到一个新的状态。这个新状态是集体意识状态，可以总结出新冠肺炎疫情对经济、健康和财务状况的现实威胁。此时就出现了集体意识和社会建构的现实，推动我们采取系列行动，比如卖出、平仓、重新调整投资组合或新建投资组合。新冠肺炎疫情开始于 2020 年 3 月中旬前后。社会意识对此有一个认知的"潜伏期"，大约是 20 天，其间社会对疫情的意识程度有很大的增长。

也许正是疫情提供了人类文明是如何处理信息的线索，这条线索可以指向最精明的投资者、最好的资产管理公司、最优秀的专家。从市场对疫情的实际表现可以看出，很少有人能深刻理解新冠肺炎疫情的不利影响，比如对全球经济的打击。在很长一段时间，我们未能正确地评估新冠肺炎疫情带来的风险，这表明通信技术并没有真正得到实质性的改善。显然，新冠肺炎疫情并不是一场"黑天鹅"事件，我们对疫情的不利影响并不是完全无法预测。一旦新闻有所报道，个中的缘由可能就会变得简单、明确和清晰。

这就使我们陷入了进退两难的境地。如果不能从中理解疫情及疫情的影响，那么消息的意义何在？人类是群居动物，喜欢故事。故事也会影响

人类的意识。只不过，收益电话会议是熟悉的故事，新冠肺炎疫情的发生是一个陌生的故事。

听故事能力是投资能力的一个重要属性，甚至可以说是最重要的变量之一。人工智能可以超越所给予的基本知识及实证解释，进入感知领域，这是人工智能取得巨大进步的原因之一。当下最有趣的故事之一，就是人工智能本身的故事，在某种程度上是元认知的故事，因为这个故事包含了我们所能听到、看到、想象到和感受到的所有其他故事。人工智能的故事也是人类"进化"的故事。